U0556068

古泽再露

古玩收藏笔记

周仰东　著

中国商业出版社

图书在版编目（CIP）数据

古泽再霑 : 古玩收藏笔记 / 周仰东著 . -- 北京 : 中国商业出版社 , 2023.11
ISBN 978-7-5208-2679-2

Ⅰ . ①古… Ⅱ . ①周… Ⅲ . ①文物—收藏—研究 Ⅳ . ① G894

中国国家版本馆 CIP 数据核字（2023）第 197893 号

责任编辑：聂立芳
策划编辑：张　盈

中国商业出版社出版发行
（www.zgsycb.com　100053　北京广安门内报国寺 1 号）
总编室：010-63180647　编辑室：010-63033100
发行部：010-83120835/8286
新华书店经销
北京博海升彩色印刷有限公司印刷
*
880 毫米 ×1230 毫米　16 开　16 印张　177 千字
2023 年 11 月第 1 版　2023 年 11 月第 1 次印刷
定价：128.00 元
* * * *
（如有印装质量问题可更换）

前 言

《古泽初霑》出版已经十几年了。很惭愧，本来想一鼓作气完成本系列的其余三本:《古泽再霑》《古泽三霑》《古泽四霑》，但是却一直没有如愿，主要原因是懒惰。第一本“初霑”写得快，是因为当年的美国华文《C周刊》要在每期连载，其总编先生每周一个电话催稿，不得不勉力码字，不知不觉就凑够三篇数，可以出单本了。自从《C周刊》停刊，我就给自己放了大假，想起来就写上几笔，想不起就搁笔几年，到了2019年才累积了十几篇，看来没有压力真不出活。当年张恨水先生在几家报纸副刊上写小说连载，有时打着麻将，有报馆来人催稿，他老先生就请人代打麻将，自己则在旁边小桌子上奋笔疾书，虽然周围麻将牌碰撞连声、嘈杂喧嚣，但他写出的东西照样妙语连珠、情节生动，看来压力还能刺激灵感。

2020 年是世界受新冠疫情冲击的一年，美国受到的影响很大，我当时几个月猫在家中，百事俱废，只好重新续写这本欠了太久的笔记。很快就又完成了二十多篇。收藏笔记和小说不同，要写就得真实地写，这就不得不曝光一些行业秘密，但又怕伤害一些当事人的利益，所以有的篇章完成后不得不撤回来。有好友说，安个化名就没事了，但我小时候看《孽海花》，文字情节都引人入胜，就是历史人物全用化名，弄成不得不来回对照求证，顾此失彼，兴趣被打下来很多。所以我想，这撤下来的部分宁可以后再出版，也不能编造或化名。

收藏者对自己收藏的东西，应该是最有研究欲望的，因为它关系到收藏者本人的名声、鉴赏力、审美观和经济利益，所以每个收藏者都是潜在的研究者。十多年前中国出现全民收藏现象，但大多数人是抱着买股票的心态，只关心古玩的真假、珍稀程度和市场价值。但这几项也不是那么容易搞明白的，因为以上三种属性是和藏品的历史背景、地域材质、工艺流程和文化信息等属性相连互通的，不了解全部属性，是很容易走偏路的。这也是近年来，古玩艺术品收藏者生存如大浪淘沙的原因，到今天人数虽少了很多，但他们水平则提高了几个量级，知识储备也相对多得多。

综合的历史人文社会科学知识对于收藏者来说是必不可少的，我刚入古玩圈时，正是古玩市场萌芽期，也是藏品市场大洗牌的黄金时期，那时候的收藏者大都没什么闲钱，但这不是最关键的，首要问题是绝大多数人没有古玩知识。我 1981 年开始收集古币，但既不知道各种钱币的归属朝代和珍稀度，也不明白它们的市场价值。当时有位著名的中国纸币收藏家徐枫，他女儿侨居美国，给他弄到几本民国时期丁福保的《历代古钱图说》（中国台湾翻印精装本），上面有中国各朝代钱币图样并有各钱币在抗日战争前的法币标价。他用这书和同好换纸币。我的钱币引路人——抗美援朝的老军人曾纪林，手中就有一本换来的《历代古钱图说》。1983 年春季，他拿来给我开眼，旁边一位泉友（指一起收藏古币的朋友）立即掏出一枚“西周圜钱”要换这本书，说:“没有书，收的一堆都是废铜烂铁。”老曾只有一本，当然不能换出。我眼馋得不行，请求老曾借我几天，允我复印一本。因为我经常向老曾求购古币，他对我倒是另眼相看，只是当时市场上的人彼此没什么信任度，我当时连真名都不敢用，最后将一副清代银雕套筷、几块汉玉，连手上戴的一块西马全自动手表都押给他，才将书带走复印。这一本复印稿在以后的日子里不知翻了多少遍，几乎所有的页面都被摸出包浆了。

也是 1983 年，泉友张国俊送我一个小册子，上面是手抄的国外中国古币行情。那时上学备考苦读时最放松的一件事，就是照着小册子算算自己收藏品的国际价值。每每算完立刻兴高采烈地继续温习课本。

现在是信息爆炸时代，每个古物收藏者都堪称理论专家，因为打开手机，用百度、谷歌搜索，所有信息既准确又全面。随着各种纸制品图谱、互联网信息和电视鉴宝节目的丰富多彩，全民古玩知识有了本质的提高，古玩行内的“捡漏”行为变得越来越艰难。对于“捡漏”，我的观点是，在收藏圈子里久了，大家都有机会去“捡漏”，谁过年不包顿饺子？当然，有知识、懂审美、了解人情世故、拥有一定财力的人，机会会更大些。但是有多大的利益就有多大的风险，那些制假贩假的“抢钱者”，最爱的就是那些喜好“捡漏”的收藏者。其实古玩最大的漏是时间的漏，只要按当时市价购买到有升值潜力的东西，就算捡到了漏。何谓有升值潜力？首先是老古玩商岳彬所说的“稀少中的奇特”；其次是一些未被重视的但有文化内涵的门类；最后是有着能揭开历史事件一角的指纹特性文物。通俗点讲，就是如同十几年到几十年前，按市价收买北京二环以内住宅和有极大升值空间的特色古玩。所以优秀的收藏者要“长后眼”，这不是说像申公豹一样脑后长眼，而是要展望未来。所以现在对青年收藏者来说，他们最大的财富不是眼力、金钱，而是时间。

二十世纪八九十年代，民间收藏品的去向主要是我国的香港和台湾地区以及国外，主要是欧美。少数国内藏家用知识、精力和执着留住了一些。千禧年后，国内大资本涉足收藏品市场，将绝大部分国内市场精品收购，并从海外回流了很多过去失散出去的古玩良品。这是国富民强的盛世状况。但大资本是一把双刃剑，一方面给古玩市场输送了新鲜血液，让这个“蛋糕”变得越来越大；另一方面，将历史知识变成仆人，屈己服务于大资本的运作。比如前些年拍出的成化斗彩鸡缸杯，成交价加佣金 2.8 亿元人民币。其中传承历史基础之一，就是清代程哲的《蓉槎蠡》中有一段：“神宗时尚食，御前成杯一双已值钱十万。”有人解读为万历皇帝的御膳用具中的一对成化酒杯就值十万两雪花银。这绝对误读了，当时的十万钱是指十万枚“万历通宝”黄铜制钱，明代以千枚为一贯，值抵白银一两，十万就是纹银百两。虽然明代银贵，但也没那么离谱。明代沈德符在《万历野获编》中记述：“顷来京师，则成窑酒杯，每对博银百金。”也旁证了明末成化酒杯的市价。所以应警醒，不能因大资本的运作就曲解历史。

每件古玩艺术品都是我们的老师，古玩行内经常说：真品会自己说话。也就是说从古玩本身得到的知识是最直接、最明了的第一手知识，至于能不能收集这些知识，自己转变成系统的、有助于炼成火眼金睛的理论，那就要看各人的修行了。有朋友对我讲，我的东西写出来，门类太杂，好像进了“挂货儿铺子”（北京话，旧时出售、经营旧货的店铺），所列举的古玩在价值上也良莠不齐，没能系统地把某一门类讲明讲透。抱歉地说，我入行时，经济力量不强，后来在世界各地寻寻觅觅，也不能自己想要什么就买什么，而是遇到什么合适就入手什么，这就学成了一个万金油技术底蕴。至于所列出的古玩也并不全是我收藏中最有经济价值的，而是各有其文化内涵，且我对它们是有所领悟的，在这里将自己的解读和认知表达出来，希望对各位练眼有所帮助。明白人都知道，古玩艺术品的占有是一时的，如同云过风轻，而从古玩艺术品中得到知识是伴随一生的，如同天赐在岩石上的香柏。

顺便提一句，上本《古泽初霑》书尾有一目测题，答案十几年后才公布，实在对不起了。图中我背后的石雕就是现存于大都会博物馆中被岳彬盗卖给美国人的北魏《皇帝礼佛图》。

目录

第一章
汉—南北朝于阗白玉剪影花鸟佩

1985年夏，正值我临床基础课考试的时候，内科、外科、妇科、儿科都要考试，但我却没有进入临考状态，因为不久前大连的一个收藏古币的朋友宋先生，给我写来一封信，邀请我到大连玩，主要是想和我交换一些钱币。信中说他有一些很好的先秦钱币可以和我交流。宋先生是我一年多前在福长街六条认识的，彼此谈得很投机，他曾来北京开会，带来一个空首布币，我很想换到，但因他索价过高而未果。幸亏我平时对基础课学得较认真，也就很容易地把考试对付过去，然后忙不迭地买了火车票，带上路费和许多副品钱币，直奔大连。

大连行的两次“惊喜”

宋先生来接站，非常热情地带我到了南山宾馆。我们坐在宾馆的咖啡座上，边饮茶，边看宋先生拿出来的钱币。有一枚刀币，我一看差点吓呆了，这不是传说中的六字刀币嘛！这是齐国刀币中的精品，过去只是听说，从没见过。该币为传世古色，刀环上有陈旧蚀孔，还有一些老红斑锈。据宋先生说，这是过去罗振玉的藏品。罗振玉是晚清史学家与收藏大家，写过很多古玩文献，晚年居住在大连，还曾投资开过古玩铺。看到这件刀币，我极想得到。宋先生说：“你看上面是几个字？”我出于本能说：“我看是五个字。”宋先生意味深长地笑笑

战国齐国六字刀币

说："我看也是五个字。"我想他没当六字刀币就好办了。我们很快完成交易，宋先生拿去了我带来的所有钱币（是我几年来的心血汗水），换给我那枚刀币，又大方地多给了我一枚"山阳"弧足布币和一枚郲二金化弧足布币，我喜出望外。

宋先生替我买了一张三天后返回北京的卧铺票，并说明后两天他要开会，让我自己转一转大连市。第二天我自己出去遛，看到大连火车站附近有个旅行社，推出旅顺一日游，才十几元，其中特别注明参观旅顺博物馆，可以看汉代的新疆干尸，我很喜欢看博物馆，就买了张票随车出发了。

到了旅顺博物馆，我先去看铜器，是想看馆藏铜器与我刚换到的刀币包浆是否一样，但看来看去也没看到相同的皮壳包浆，我有点胆寒。因为时间还早，便去看干尸，在干尸旁还有一排古钱币，是打制的红铜币，称为和田马钱，有大小两种。我正看得入神，旁边走过一位穿西服的新疆瘦高男子，经过和田马钱展柜时，用汉语自说自话，"这有什么稀罕，我们那里有的是"。我转身过来，不由自主地跟着他走去，他走马观花地看了看其他展品，就出了博物馆，在一个阴凉地方坐了下来。我亦步亦趋地走到他面前，微笑打着招呼："大叔，打扰了，您刚才说有那样的新疆钱币，我喜欢收藏钱币，您是否能卖我一些？"他笑了："小伙子，那是我小时候去遗址拣的，有不少呢，可是我没带来。"我说："您留个地址给我，我回去再和您联系。"他说："行。"从坐着的报纸上撕下一块纸，伸手到西装内掏笔。西装领口一敞，脖子上挂着的一块玉露了出来。我忙说："能让我看看您挂着的这件东西吗？”他痛快地说：“行。”摘下来递到我手里。这是一块镂空玉牌，古朴可爱，玉质极佳，还有些铁锈褐色黄沁。我当时对玉一知半解，但也知道是件好东西。我问：“大叔，这玉牌您把它卖给我行吗？”他笑道：“很贵的。”我忙问：“多少钱？”他想了一下，伸出一个手指头。“十元？”我问。他摇头：“一百元。”我这次来大连，身上带了一百多元钱，买火车票、旅游等又花了一些。我问他能不能少一些。他摇头说：“看你还小，没和你多要。你别买了，我戴着挺好的。”我怕他变卦，连忙掏出所有的钞票，有八张十元的，四张五元的，还有几张一元的。我把十元的和五元的递给了他，趁他高兴，想问他这块玉是如何得来的，他摇头不说。拿着他写的地址和他告别，我坐上

汉—南北朝于阗白玉剪影花鸟佩

了旅游公司的大巴，看看他写的地址，知道他名字叫易卜拉欣。到了大连，我才意识到易卜拉欣大叔让我囊空如洗了。

交了学费，得了教训

回到北京，我心里总有些不踏实，心想好事不会都落在一个人身上。取出换来的刀币，和自己原有的先秦钱币作比较，越看越含糊。拿到洒满阳光的阳台仔细看，感觉铜质炼得过于精细了些，包浆也并无两千年岁月的痕迹，红斑绿锈显得有些浮浅，而黑漆古色显得干涩。回家后心态平和些，看东西眼力也锐利了不少，初步判断是民国时期的仿品，但还有些心存侥幸，万一是真的呢？我去请教北京钱币界元老级人物王维民先生。王先生刚买到一枚清代嘉庆宝苏小平大样雕母钱，正拿在手中把玩。看我拿出六字齐刀币，只是拿眼一扫，便摇了摇头。我低声下气地说："王哥，刀环上有蚀孔，还是真的吧？"王先生把嘴一瘪，将手中的嘉庆雕母重重地拍在桌上，"啪"的一声，吓了我一跳。他气哼哼地说："是真的我吃了它！"这时，我心就凉彻底了；随之还有点心疼：那枚雕母是好东西，可别摔坏了。

几年辛苦弄到的副品钱币都给了人，换来的是个假的六字齐刀币，这是我入行以来受到的最大打击。我痛定思痛，总结自己的教训：第一，始作俑者是罗振玉这个老家伙，文人无行，一生存的珍贵古玩无数，但售出的多是伪品、仿品。据末代皇帝溥仪《我的前半生》所述，罗振玉进宫给溥仪献上御览的古玉，俱是赝品。他还刻了

一方“罗振玉鉴定”的图章，替人盖在假书画上，每盖一次，收洋两元。他在古玩和历史研究中强取豪夺，正应了那句俗话：天不怕，地不怕，就怕流氓有文化。第二，应该负责的是我自己。其实以我当时的眼力也应该不难发现疑点，只是当时头脑一热，以为捡了天大的漏。情急之下只往好处想，眼力不及平时的一半，只想着发财了。是自己的贪欲在作怪，想怨别人，得先怨自己。第三，对宋先生，我倒没有恨得咬牙。人家三枚钱币，如果是真的，都是大珍品，凭什么换你一堆中档钱币。是伪品反而正常，若是真品，人家才“脑袋进水”了呢。而且人家在过程中给过我一次机会，让我说说，这把齐刀币是几个字的，我欺人在先，愣说是五个字的。当时十把五字齐刀币才能换一把六字齐刀币。我起了占人便宜的心思，欺侮别人看不出是几个字，就是大错特错了。宋先生意味深长的一笑，我这时才能解读：那是痛下杀手时，给自己一个不自责的理由。

我那三枚钱币留到今天已经过了35年，那两枚布币当然也是老假。在当时伪品极少，老假也不多，那几枚老仿品应该很容易换出去。但我已经鉴定为假，自己已经得了教训，交了学费，就犯不上再让别人上这种昂贵的课了。

原来是无心插柳柳成荫

我自然还挂念着易卜拉欣大叔的和田马钱，给他写信，没有回音，再写一封，还是石沉大海，不知地址是否写对。那枚玉佩我认为没有问题，一放就是好多年。很久以后，我拿出来让大家会诊鉴定，许多玩玉的大行家也看不懂，我国台湾的常幼伟先生甚至怀疑是红山文化的佳品。后来，周漠先生和利广军先生建议我买一本傅熹年先生的著作《古玉掇英》，告诉我上面记有一块类似的玉佩。我找了好几个地方也没有找到，最后在古玩城一层卖古玩专业书的店中发现，要一千多元一本，不给还价。店主说是我国港台版，进货贵，没有办法，只好伸头让人家“敲”一下吧。

傅熹年先生在书中收录的一枚玉佩与我这枚非常相似。他认为图案上面是花，下面有四只相对的飞鸟，整体是剪影状，是波斯文化影响西域的艺术创作，断代为唐代或稍早的北朝。他称这种剪影式玉雕是重温春秋绝响。我这枚玉佩的玉质与傅先生的那枚一致，都是和田的上品羊脂白玉，下面四只剪影鸟也非常相似，只是上面部分比傅先生的多了一对花饰，这上面的图案好像两只动物，有点像鱼，又有点像兽。这还要请高人帮我判断。当然也可能是多了一对花朵，或是雕的西番莲。

由于这块玉精美、古朴，还带有一些不可知性，我非常喜欢，曾将它印在我名片上作标识，为的是在行里交换名片时，也可请教。几百张名片送掉了，有一位古玩城资深玉商崔湘东见了图片后，告诉我他曾经卖过这种玉佩，他觉得是汉代的。他不无感慨地说，只有玩玉到一定深度，才会用它作名片标识。一位曾在琉璃厂开店绰号为南红的古玉商说，千禧年初曾在报国寺见一个新疆人佩戴一块这样的玉，要价过高未购，现在很后悔。大部分的古玩商还未曾见过这种玉佩。

我经过反复求教，对照资料，初步认为玉佩制于西域地区，应该在和田附近的古丝绸路某地，时间是汉代至魏晋南北朝。

我真想能面对面地感谢易卜拉欣大叔，如果没有遇上他的话，我那次大连之行就成为完完全全的败走麦城了。在他的帮助下，我失之东隅，收之桑榆。换句俗话：有心栽花花不开，无心插柳柳成荫。

第二章

汉或稍后青铜匈奴或鲜卑骑马人物暨天狼带钩两枚

1988 年是我大学毕业后，分配到北京市肿瘤防治研究所流行病研究室工作的第二年。流行病学研究分两类：一类是快病研究（如 SARS 和新型冠状病毒感染等），几十年难得遇到一次；另一类是慢病研究，大部分流行病学研究者都是做慢病研究。我们研究室做胃癌的人群流行病学分析研究，室主任游伟程从美国国立肿瘤研究所（NCI）拿到一大笔研究资金，在山东建立了一个很大的研究现场后，还想开拓内蒙古自治区的研究现场，所以在夏天派出一支先遣队，奔

赴海拉尔市（现在的海拉尔区）周边的呼伦贝尔大草原。

我随着带队的张联大夫坐火车到了海拉尔市，市政府一位副市长接待了我们。午饭时拿出当地高度白酒，号称内蒙古茅台，要求每个人都得喝，我一向滴酒不沾，也被灌了人生中第一口白酒，结果眼红如兔眼，回招待所睡了一下午。第二天市里派了一辆吉普车，和市医院一位徐院长一起下到旗里，给我们开车的司机是蒙古族人，叫五十六，一路我们跟他混得很熟。徐院长当年下放就在这个旗，因为他医术高明在旗内上下人缘很好，我们刚到旗中就有卫生院的医生从边防站借了半自动步枪，领我们去河滩打水鸟。

我用卧式瞄准一只 300 米开外的大水鸟（好像是只灰鹤），开了人生实弹第一枪，随着枪响，大水鸟一头扎到水里。旁边有一帮当地牧人正围成一圈喝酒唱歌，有人大喊一声："好枪法，赏一碗酒！"酒是不敢招惹了，但第二次世界大战时德军王牌狙击手使用的 98k 步枪，也是将目标放入 250 米内再开枪，难道我天生有狙击手素质？隔着水没法拾到猎物看看命中部位，正当心中狂喜之时，那只水鸟挣扎起来，连游带飞，从水面上成功逃遁，连一滴血、一片羽毛都没留下。旁边牧人七嘴八舌地告诉我，这只鸟有陈旧伤，被你一发近实弹惊了，奋力飞起时牵动了伤口被撕裂，落入水中，过一会儿有所恢复，自然忍痛逃了。得了，白高兴一场。我顺势和牧人们询问当地风土人情，特别是有什么古旧玩意。他们说，不知道有什么史前文化，牧民手中老烟袋锅子、老鼻烟壶是有的，另外在草原上时常能捡到一些小铜件，应该是老的，至于成吉思汗圣旨金牌连听都没听说过。

工作开展后，我们给当地牧民做胃镜检查，我负责流行病学问卷调查，主要是遗传家族史和发病因素的数据收集。我借机在问卷最后又加了个问题：“你家里有没有老物件，愿不愿出售？”牧人们都很纯朴，有什么说什么，只是一连几天，也没什么有价值的信息。张联大夫在大学时就带过我营养学实验，为人又很厚道，对我问私事，也睁一只眼闭一只眼地纵容了。

一天下午，应查的牧人已经查完，我们正在收拾器具，窗外传来马蹄声。朝外一看，一位老人身穿全副崭新蒙古族袍帽，正在下马，原来是徐院长以前相识的牧民来找徐院长看病。我于是在他看完病后顺便做了问卷调查。最后，我夸赞他身上配的蒙古解手刀漂亮。老蒙古佩刀和满洲小刀很相似，都是一刀及一副牙筷插装。老人的刀是角柄錾银象牙筷，是蒙古小刀里中等的物品，我问老人这刀是否出让，家里还有什么老物件。老人说刀是随身的东西，不能给人，家里还有两只鼻烟壶，现在不讲究闻烟了，你要喜欢就送给你，一会儿和他回去拿。我赶快说：“我们是公家人，送是使不得的，我愿按市价收买。”我赶快找到司机五十六，请他带我一起去，五十六说，过去商人坑蒙古族人，喝顿大酒，乘醉低价收购他们的羊。现在蒙古族人也机灵了，醉时的应诺醒了全不承认。他让我还是别去，把事情交代给他，肯定办得周全。我想想也对，到了牧民家里，那顿酒我就受不了。我拿了几十元钱给五十六，叮嘱他一定别白拿人家东西，他满口应着开车跟上老人走了。直等到快半夜，五十六才开着车醉醺醺地回来，扔给我一个手巾包，打开里面是两只鼻烟壶，一只是大肚蒙古式

玛瑙壶，红珊瑚高装盖子，膛掏得好，薄胎水上漂；另一只是和田籽玉随型壶，上有黑黄双色玉皮，两只都不错。看着五十六步子零乱的背影，我心存感激但有个念头一闪，天晓得他给没给人家钱。

清代蒙古式玛瑙鼻烟壶（左图）及清代留皮白玉鼻烟壶（中，右图）

万事开头难，之后按这种模式，五十六又跑了好几次，虽然有时只带回清代普通铜钱之类没用的东西，但我还是收获了一条镶珊瑚银

清代银鎏金镶珊瑚蒙古式腰带

腰带和两枚青铜带钩。这两枚具有本地特色的带钩是我这次出行最大的收获。

青铜匈奴或鲜卑骑马人物带钩（左图）和青铜天狼带钩（右图）

海拉尔一带是中国北方久远的游牧民族——东胡的领地。在秦二世元年，匈奴单于冒顿（读音为莫毒）大败东胡，海拉尔成为左贤王领地。在汉代长期的打击下，公元 91 年，北匈奴西迁，海拉尔一带则被东胡后裔鲜卑族占领，一直到十六国及南北朝。虽然汉政府对金属及工匠出关控制很严，但是长城以北的游牧政权还是发展了本土的冶金技术。他们每占领一地，首先把工匠掳走，制作有草原文化的各种金银铜铁物品，所以他们的武器、护具等并不落后。这类青铜古物在改革开放初期大量在内蒙古鄂尔多斯地区出现，因器型相似，不好区分东胡、匈奴和鲜卑各政权所属，所以行内统称为鄂尔多斯青铜器。

我收到的两枚带钩，其中一枚为骑马人物，造型生动，战马形态健硕而矮小，看起来和成吉思汗时期的蒙古马种类相同，马尾向后翻飞，形成了带钩的长臂及弯钩。钩呈下斜角，不知是使用时用力过

青铜匈奴或鲜卑骑马人物带钩

猛扭歪的，还是有意为之，使得在马上单手解带方便。带钩上的马上骑士宽面无须，鼻大而扁，短衣窄袖，手中还有一条马鞭。最可贵的是马腹垂下马镫一只，骑手的脚从镫中抽出，屈腿夹动马腹做催驰状。我们知道，马镫的发明者就是中国的匈奴人，马镫的作用之一就是让骑士可以在马上站着射箭，从瞄准及发力都大大优于坐着发箭。北匈奴的阿提拉大单于就是靠着马镫、硬弓和弯刀，征服欧洲各民族，横扫东西哥特和东西罗马，被欧洲人称为“上帝之鞭”，意思是由于西方信主的君王和百姓行罪恶之事，上帝使用外邦人阿提拉作为工具惩戒那些犯罪的人。马镫也由匈奴人传到了欧洲。

另一枚带钩更加精彩，一只大雁高空飞翔，大雁的长颈化成带钩长臂，大雁的头部弯曲形成了带钩的弯头，另一面不像绝大多数带钩一样铸有凸型系带铜柱，而是凹面加一横梁，这样系带更加贴近而结实。最奇特的是大雁背上居然蜷卧着一只狼！这只狼立耳长吻，半开的口中狼牙森立。侧卧在雁背上的狼首尾相接，身体成了一个扁团，

青铜天狼带钩

但狼腿、狼腹、狼尾都交代得很清楚。这难道就是传说中天狼的造型？记得小时候看过一本配图的宋词石印本，上面有一首苏轼的“西北望，射天狼”，配图是太守苏轼架鹰带犬，拉弓射向一只张牙舞爪，长着双翅飞在天上的恶狼。当时就觉得那只狼很怪异，加上翅膀，动作很不协调。现在想起来，要是换上这只带钩造型，那构图就美多了。这种写实主义的艺术形式代表了博大唯美的中国草原文化。狼是草原民族共有的图腾，因为狼天性智慧勇敢，既能单独拼搏又有团队精神，而且作战能力超强，咬合力是草原上凶猛藏獒的两倍。古代草原民族以狼为师，学到很多作战攻略和坚忍精神。许多草原势力都以狼为旗帜，突厥人的战旗就是金狼头图案。看来这种飞雁卧狼的天狼旗一定属于大草原上最尊贵的部落。如果中国成立伞兵天狼突击特种部队，我很愿意献出这一古代图案作为该部队的军标。

工作两周之后，科研任务基本完成，我带的几百元钱也花得所剩无几了（我当时医师职务的工资每月只有 70 元钱）。把余下的二十多元送给五十六当辛苦费，我们也准备返京了。但突然东北发大水，没有回京车次，我们只得转道齐齐哈尔。在那里被困了好几天，弄不到回北京的车票，后来还是胃镜室的王雁蒙想起当地有一铁路系统医院的医生在北京大学第一医院进修过，电话联系后，登门拜访求票。人家很热情，找铁路局局长亲自批了条子，让我们上了火车，但车上早已超员，不但没有卧铺，连座位也没有。站了几个小时，实在忍受不了，只有发扬“铜头，铁嘴，橡皮肚子，飞毛腿”的流行病工作者的精神，先觍着脸和就近长座上的三个乘客搭话，然后依次给他们测字算命，往好里说，乘他们高兴的时候，对最边上的胖姑娘乞求，能不能往里挪一点，让我蹭个边。姑娘果然心善，用力向里挤了挤，留出几寸座位。我半个屁股落了座，全身舒适得无与伦比。那姑娘还自嘲，可惜她太胖，不然能多让出些地方。

我历经辛苦回到北京，脖子下面和腹部都闷出了痱子、湿疹，但拿出战利品，特别是那两枚红斑绿锈的带钩，心里觉得还是很值的。

第三章

明代中期铜质王命旗牌

二十世纪九十年代初，我在美国得克萨斯理工大学（TTU）读研究生，学期最后一门考试是数理统计学，主讲教授忽然大发慈悲，将考试提前三天进行，这样学生们就能提前三天放假离校。于是我赶快订了考试后第二天回北京的机票，考试结束第一时间回国，并在到京后的第二天，一大清早就直奔南城琉璃厂文化街。在美国太久没机会接触中国古玩，都快憋出内伤了。我先到王维民先生的摊位上买了一把王莽错刀钱币，又和其他商家交易到几件古玉，那时古玩价格很便宜，我在美国做助教赚的几千美金到这里非常耐花。后来我到了齐继

星先生摊位前，和他叙旧。齐先生和我是早先一起玩钱币的朋友，都是 1987 年第一批北京市钱币学会会员，我记得在会刊上登记他的职业是北京糕点二厂新时代餐厅经理，看来到最后还是辞职下海经营古玩了。

我们正聊着，同仁堂乐氏后裔乐绍勋先生正好走过来，一起谈了几句，我一边说话，一边欣赏齐先生柜台中的古玩。看完柜台里的东西，目光不经意地向后一瞥，在柜台后的长条座位上放着一块满锈的铜牌，有巴掌大小，我请齐先生拿给我看看。铜牌呈圆形，上方有出廓云纹，一面是大字“违令者斩”，另一面是上方一个“捻”字，下方在一个长横上的“中”字。我赶紧对乐先生说：“老乐，您不是过去在文物局吗？这块捻军的令牌你不如买下来，捐给中国革命军事博物馆，也是份功德。”乐先生接到手里，翻过来掉过去地看了几遍，沉吟片刻说：“当了好几次雷锋了，这次就不当了。”看来乐先生从文物系统出来后和原单位关系也极平常，而乐先生自己收藏的铜质印章，数量和质量都称北方第一，对这种杂品铜器自然不屑出手。我拿到手里，心想还是人弃我取吧，问齐先生给我多少钱。齐先生主要经营三代青铜器，对这种明清铜器也不当回事，说他刚刚一百元收上来的，卖给我算一百五十元。我谢过他的交情价，付款将铜牌带回家。到家后心里总是有点不踏实，对于那个“捻”字怎么都觉得有些异样，拿出细看，写成的是“捴”字。查了一下康熙字典，原来是“总”字的异种字，和“捻”一毛钱关系也没有，看来乐先生没准看出不是“捻”字，或者起码有所怀疑，才那么说，也没当场点破让我下不来

明代铜质王命旗牌

台。我随手将铜牌和一些散碎铜器放置一个废品盒内，不再过问。

十几年过去，在一次搬家中，无意中发现这个尘封已久的盒子，打开后看看有什么还值得往回拣的东西。这枚铜牌再次进入视野，继续给人以惊喜，因为这时的实践经验和知识储备与十几年前相比已经大大丰富了。以前有了捻军令牌的误区，一直认为它是清代的，现在看铜质，根据钱币标本来观察，明早期和元代一样，使用的铸铜是颜色呈淡红暗色的裸铜，氧化则呈黑褐色，被称为黑铜。明中期的铜是呈青黄色的裸铜，铅锡的含量小，极易生锈。而明晚期及清代的铜质则是铜、锡、铅比例固定的黄铜，因为黄铜相比以前的青铜不易生锈，因此被长时期使用。而这枚铜牌通体披锈，锈呈灰绿色，且局部有大片蓝斑。我们知道，出蓝锈的铜器，一般年代较长，不是一二百年的时光可以沁上的，铜牌的开窗部分铜色青黄，符合明代中期铜器的特征。再看铸造字体，是明代布告官体，背面两条长横杠中间的一个“中”字，就像钉封文书（刑部核准处决人犯文书）上的堂官手迹花押。这难道就是传说中的早期王命旗牌吗?

说起王命旗牌，大家知道得甚少，但提起尚方宝剑，书里戏中比比皆是。这两种名器都曾用于明代，而且王命旗牌的数量及使用的次数比尚方宝剑多得多。明初征战，委任的总督、巡抚和总兵都是临时官衔，打完仗就卸下官职。战场上对待逃跑、抗命、失机的兵弁是要严惩的，但是按照当时的大明律，要杀一个人是不容易的，例如乡村出了命案，县官要亲自带人下乡验尸，抓到真凶，审得口供，人证物证俱全，方能定罪。如果定为斩立决或绞立决，则需要完整文件上呈上司，由县而府，由府而道，由道而省，由省而刑部，刑部核审无误，发出钉封文书，如此从上而下，等文书到了县衙已是几个月后了。要是定为监斩侯或监绞侯，时间拖得更长，刑部秋审处司官会审，其间哪怕有一个人认为证据不充分，都可发回重审或者上递到府、道、省审。而在军情紧急时，军中不可能按大明律这样走一遍程序，所以皇帝赐下王命旗牌，行先斩后奏的特权。当处斩逃兵的时候，将官居中，手下亲兵两翼分排，捧出两位旗牌官，一位手持一帧蓝旗，上绣“令”字；另一位手持铁尖长枪一把，上面挂圆形令牌一个。将军先拜旗牌，后用朱红笔勾下犯兵姓名，亲兵大喝一声，就可行刑了。早期的王命旗牌中的牌是铜制，军事行动结束后，王命旗牌依律要上交销毁。后来王命旗牌为了便于携带，牌改为七寸五分椴木朱漆，描金“令”字及兵部大印，旗改为二尺六寸蓝缎长方旗，绣黄色“令”字及兵部大印。清代沿用了这一王命体制，只是加了一个满文“令”字在旗牌上。

这枚早期的王命旗牌上违令者斩及背面“中”字花押说明属于军中所用，铜牌上出廓云纹中的穿孔，是为了方便系在铁尖长枪上，可能是举着挺沉，头重尾轻，后来才改成木质。牌上那个“总”字，应该是由总兵官暂用，明代的总兵官权力大大超过清代绿营总兵。开国名将徐达、沐英、蓝玉都当过总兵，明末总兵这一职官固定化了，相当于现在的军区司令员。著名的有宣大总兵戚继光、辽东总兵李成梁、宁远总兵曹化龙、山海关总兵吴三桂和挂平贼将军衔总兵左良玉。明代总兵损失最多的是北京永定门之战，皇太极亲率八旗铁骑攻打北京，崇祯皇帝自毁长城，将勤王的袁崇焕捉拿入牢，祖大寿率关宁铁骑回撤。接下来的永定门大战，明军大败，折了四名现役总兵，八旗军差点攻进北京。

王命旗牌虽可先斩后奏，但也是有权力限制的，一般只限于游击将军（相当于现在的团级军官）以下的官兵。明末，烽烟四起，起义军及建州女真兵兴，明朝领兵剿办的将帅品级越来越高，王命旗牌的作用有点不够了，所以皇帝有时在大征讨时特赐给领兵统帅尚方宝剑。尚方宝剑比王命旗牌权力大些，洪承畴率曹变蛟、唐通、吴三桂等总兵与皇太极的八旗军在松锦会战时，崇祯皇帝就特赐尚方宝剑，参将（相当于现在的旅级军官）以下可先斩后奏，参将以上具本严参。在首辅大臣杨嗣昌督师湖北、围剿张献忠出征前，也特赐尚方宝剑，副将（现在的师级军官）以下可先斩后奏，副将以上具本严参。这次应该是尚方宝剑的最高权力了。尚方宝剑在班师还朝后要上交朝廷，绝不允许私留。文学作品及戏剧中，八府巡按佩尚方宝剑，一路巡视，如查得官员贪赃枉法，立即先斩后奏。实际上这种情况是不存在的，巡按御史是七品小官，怎么可能赐其尚方宝剑去杀比巡按高很多级的长官。袁崇焕是抗击后金人英雄，坚守宁远立了大功，但还是做事冲动些，使用督辽的尚方宝剑杀了皮岛总兵毛文龙。明代一朝，没有一柄尚方宝剑具备杀得了总兵这一级武官的权限，这也成了袁崇焕被朝廷杀害的重要理由。清朝取缔了尚方宝剑制度，保留了王命旗牌，只是在极少数的几次大征战中赐下过内廷御用宝刀作为尚方宝剑，如大内侍卫鄂实用遏必隆刀在阵前处斩讷亲，赐都统胜保神雀刀围剿太平军北伐部队，赐赛尚阿锐捷刀统军与太平军作战。

王命旗牌在清朝成了总督和巡抚的固定标配，已经不用上交，和官防大印一样离职交接。例供八副王命，就是说一次最多可杀八个人。清朝中兴名将彭玉麟被复起，以长江巡阅大臣身份在浙江石门微服私访，走累了在一家带说书的茶馆坐下歇脚，周围客人伙计一起劝他，不要坐这个水师把总（相当于连级军官）张虎山大人的常座，大人脾气不好。彭玉麟于是问起该人来历。正当此时，张虎山带人来听书，一见座被占了，立即大骂出声，手下连推带搡将彭大人赶出茶馆。彭玉麟幼时贫寒，在族中经常被欺凌，最看不得仗势欺人的恶霸行径。于是返回客店调查，并找来石门知县问话，得知了这个张把总克扣军饷、勒索财物、强霸民女等诸多罪恶。本想上奏严参，杀掉此人，但当年同治大婚，刑部勾决停止。彭玉麟实在不想让该人多活几月，立即写了一封亲笔信给浙江巡抚杨昌濬（浚）（以前的湘军下属），借一副王命旗牌，杨巡抚当然买老长官的账，加急办好咨文及加盖巡抚关防的告示，连同王命旗牌派两名旗牌官带亲兵赶到石门。彭玉麟立刻借用石门县衙亲审张虎山，张虎山抬头认出是前几天在茶馆被自己赶走的老头，吓得魂不守舍。彭玉麟指着手持王命的旗牌官说："张虎山，本大臣请王命杀你，你可知为什么？"张虎山连话都说不利落："大人饶命，小的不该冲撞大人。"彭玉麟说："不对，我手边有你诸多罪行我都不问，我杀你是因为你在茶馆喝茶不给钱！"看起来彭大人真是个有性格的人，笔者曾在嘉德拍卖公司拍到过一幅彭玉麟梅花中堂。整幅不设色，只用干湿墨白描梅枝梅花，并配诗文。正

符合彭将军那嫉恶如仇、孤傲清廉的性情。

我手中的这枚王命旗牌制作粗糙，而且铸成后不加修整，连流铜边也没有磨去，应该是军情紧急，急就铸造，倒也符合“粗大明”的风格。按理说，早期的王命旗牌作战结束就要交回兵部销毁，但这枚可能因为战事失利，为了不落入敌手，就地掩埋，所以反而避免了被熔毁，达到钩沉多年。晚期王命旗牌由于制作材料易损，所以到现在看不到实物，而这枚王命旗牌是早期用铜制成，虽经历史长河洗刷，锈迹斑斑，但终于克尽磨难，完整无缺地流传至今。

第四章

清代紫檀鞘象牙柄八骏解手刀

1991 年初夏，正在美国留学的我完成了艰苦的第一年专业课的研修，成绩还不错，并在半年前获得助教工作。美国大学暑假特别长，有三个月（6—8 月），助教工作在假期中是暂停的，赋闲在家倒不如用假期去打工。去一家中国城的餐馆见工，老板娘说，你从没干过餐馆，只能试工，做 Bus boy（餐台助手）。我做了三天，每天累得连开车回家的力气都快没了，三天后老板娘请我回家听信。我还傻呆呆地等餐馆再打电话来，有打工经验的同学告诉我，这就是不要你了。看来人家看出我真不是干活的料。三天下来，打工赚了 30 美元，继续

琢磨这三个月该干什么，总不能游手好闲。在图书馆翻阅报纸，我忽然看到一个广告说在加州长滩（Long Beach）有一个大型国际钱币展销会，从全球各地来的商家有四五百之多。正巧我的一个高年学长朱声白先生要去加州西雅图等地度假，问我愿不愿意和他们同去。正好可以到展销会参观，于是答应了他的邀请。我们驱车从得克萨斯到加州，在长滩找到会展现场（Convention Center），朱先生把我放下，自己带着家人去好莱坞参观。

我买票进去，大厅比足球场还大得多，人山人海。有卖钱币、硬币、纸币的，有卖首饰珠宝的，有卖垒球（Baseball）卡的。还有一个著名的 Baseball 球星在给人签名。我见到了许多钱币界业内人士，有美国钱币学家王清临，中国香港钱币商马德和、中国台湾钱币商陈吉茂（他在随后的 Goodman 中国钱币拍卖中以 18 万美金为中国台湾鸿禧艺术馆买到一枚奉天一两银币样币），还见到了著名钱币学大师马定祥的公子马传德，马先生虽几年前就到了美国，但当时英文还不够好，请我帮他翻译，与一个美国钱商谈论星座银章的发行问题。

在一个门口的长摊位上，摆着一批第二天要拍卖的中国钱币，这是中国钱币收藏家陈丹尼（Daniel K.E.CHING）的收藏。陈先生在邮局工作，收入不算高，但他将历年所有收入都放到中国钱币收藏上了。他一生没有结婚，前不久检查出患有癌症，所以委托著名西雅图钱币商西门（Scott Semans）将所有藏品拍卖。我和西门先生聊了一会，帮他鉴定了几枚清代钱币。我取出带去的几枚清代大钱给他看，他很感兴趣，出了一个价，我把钱币出让给他，得了 1000 美元多。

随后他又介绍我与研究中国钱币的学者史密斯（Bruce Smith）见面，对这位学者，我早就听说过，见面才知道他是个大胡子青年。1988 年我曾翻译过他写的一篇关于楚国鬼脸钱的文章，翻译稿刊登在北京钱币月刊上。

我们三人合影留念后，我离开陈丹尼藏品专柜，又到各处走走看看，在一个展台前买了几枚云南鹿头银币，30 美元一枚，比国内便宜多了。走到一个法国人摆的展柜前，我看到上面摆着一些中国东西，有一些银鎏金的首饰，几只陶人陶马，一些中国钱币（大都是常见品），还有一把刀。黑乎乎的刀鞘，白花花的象牙，在古玩堆里很抢眼。我认出它是一把满蒙食刀，俗称满洲刀。上面的铜活原有鎏金，因为鎏得薄，大部分已经脱落了，刀柄是象牙的，还附一双象牙筷子，都已变黄，有一层悦目的包浆。我征得那个法国人同意，拿起那把刀。木质不轻，细细看去，应该是紫檀的，木质极细，且有弯曲

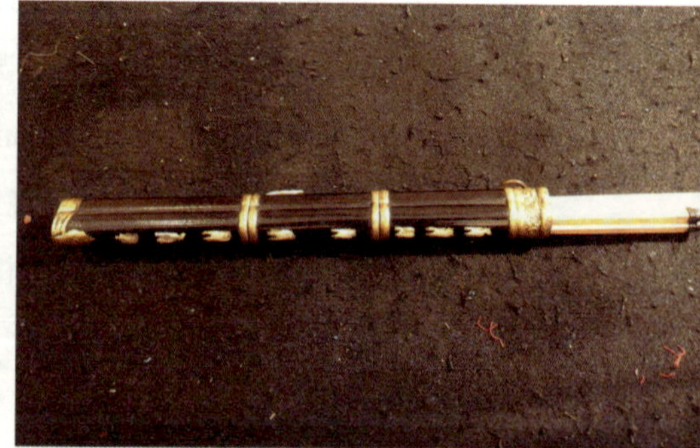

清代紫檀鞘象牙柄八骏解手刀

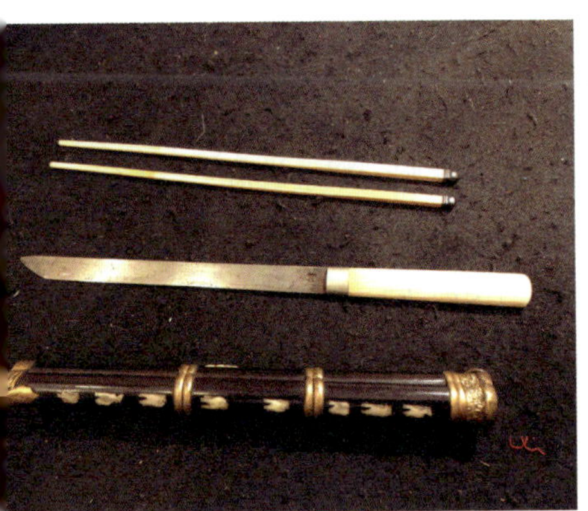
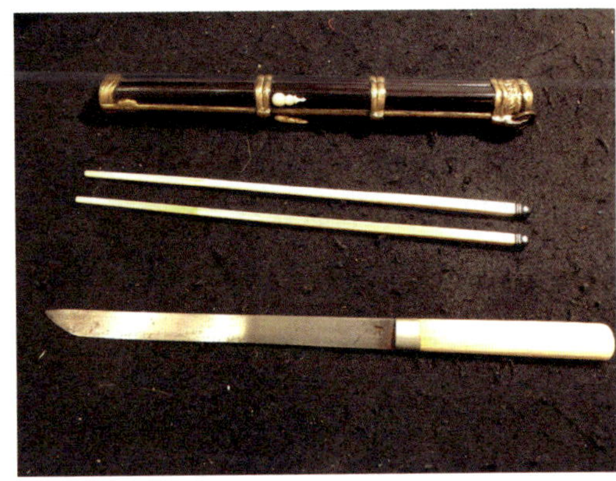

清代紫檀象牙柄八骏解手刀

的牛毛纹，上面用象牙镶了两个小葫芦，用虎骨镶了八匹立马，东西做得非常讲究。我先将刀子放回去，又看其他的东西，然后问了几枚古钱的价（我并不想买，这叫指东打西），最后才问起这把刀，他说："150 美元好了。"我想还真不贵，就象征性地讲讲价："150 美元贵了点，100 美元还差不多。"没想到他还真爽快，100 美元卖给我了。

在清朝，满洲旗人和蒙古旗人的成年男子，出门在行装带上都佩一把解手刀，保持游牧民族的风格。到了清代中晚期，解手刀多半成了纯饰物，实用性很小。当然如果去围猎、哨鹿、捉獾子，就地烧烤猎物，这刀就用得上了。解手刀还有一个用处，就是吃白肉。满洲旗人家有喜庆，都要杀猪祭祖，猪肉白水煮后请亲友贺客食用，这种请客方式来自满蒙先民，规格很古老淳朴。客人衣冠整齐，行礼之后，自己招邀好友，几个人围成一圈，席地而坐，不用客套，放量饮酒吃肉。酒是粮食烧酒，主人盛在大海碗中，客人传饮；肉是煮熟的、不不加任何调料的大块猪肉，主人不提供餐具，客人按照古时祖先聚食的样子，自带解手刀，用刀子片下来食用。一片下来连肥带瘦，没盐没酱，难以下咽，这时就有一些窍门：做客之前用高丽皮纸浸在清酱之中九蒸九晾，将酱味存在干透的高丽纸中，吃白肉时先切一点滚热的白肉，当刀子上沾着热油后，用随身带的自制高丽纸擦拭刀子，纸被热油一浸就会把酱留在刀子上，再用刀子切白肉吃，刀上的咸味沾到肉上，吃起来就顺口多了。还有些人嫌麻烦，干脆用小铜碗盛一碗热肉汤，然后撕一块高丽纸放进碗里，用筷子一搅，白汤就成一碗黑酱汤，切了肉放进汤碗再入口就可以了。

清宫廷内遇到年节祭祖，也请近支王公及重要大臣吃肉，只是宫廷内发给餐具，不许自带解手刀，也不许带浸酱高丽纸，赏吃没味的白煮肉，虽然是极高荣誉，但这种肉不好下咽。后来圣祖康熙爷体贴下情，赏吃肉时，每人赏一包炒熟加香料的盐，但这些王公大臣为这一小包盐，给服侍的太监的赏钱也不少。因为你敢不给或少给太监赏钱，下次吃肉时，给你的那包盐，不是全空，就是盐量极少，让你苦着脸吃完白肉。

三间房北京工艺品进出口公司仓库里有很多清廷赐宴大臣时所用的餐刀，钢制形状细长，刀柄上有錾银图案工艺。上有民国故宫博物院标签和武备类标号，二十世纪九十年代后，大批流入北京旧货市场，我也买过一些。

清信佛教，信藏传佛教，信道教，还有人信天主教、萨满巫师

教。在坤宁宫皇后的西顺山炕，就陈设祭祀用的“纳丹岱珲”画满洲神，每天祭祀。在坤宁宫的正殿，放着铁皮大木案，挖有大深坑，里面盘了两个半人高的大灶，锅非常大，能煮整只的肥猪，所以每当有肥猪下锅祭祖，礼成后的白肉就都赏了前面乾清宫的侍卫们，这些侍卫天天用解手刀片白肉吃，估计胃口早吃倒了。

我在秀场又转了两圈，没什么别的收获。朱声白先生的公子喜欢垒球，崇拜那些千万富翁球星，正好有一个著名球星在出售大幅照片且签名留念，有很多人在排队，我也排队买了一幅照片，请他签上给朱公子的字样。

下午朱先生游完好莱坞来秀场接我，我将大照片送给朱公子，他兴奋得直跳。

我们这一趟，游了十几个州，十几个国家公园，共跑了 9600 多千米，历时两周。回家时，我衣兜里多出了 1000 多美元和这把紫檀鞘象牙柄、象牙筷、鎏金双蟒、虎骨八骏的解手刀。想想看，还是比在餐馆端盘送水的打工强吧！

第五章

清代沉香念珠手串与沉香念珠项串

这两串沉香珠子都是二十世纪九十年代中期在北京琉璃厂买到的。很凑巧，上午跟齐继星先生买到十八子老沉香珠子，下午就从赵德胜先生处买到 108 颗沉香珠子，但是年代比十八子那一串晚。我找出以前在齐永阁先生手中买到的一副娃娃脸红珊瑚截珠及佛头佛嘴，又购买了做老绣片生意的谢小姐的两挂老绦子，再加上后来惠增久先生帮我淘换到的一副赤金花瓣珠子和赤金垫片，请惠增久先生用上列物品帮我按宫廷式样穿成一挂手串和一串念珠项串。惠先生是满族人，老姓叶赫那拉，属镶蓝旗满洲，是慈禧太后一脉，后来抬旗进了厢黄旗，但不知是承恩公桂祥一支，还是照祥一支，后来改成汉姓，用了惠征（慈禧父亲）的惠字。新中国成立前惠家花园也是北京南城一景，惠先生精通花鸟鱼虫，而且心灵手巧，自学成才并精通宫廷珠串的编穿，曾多次到故宫博物院珍宝馆去对照实物学习，是京城宫廷式编串的第一高手，还是中国朝珠协会会长。他穿制的手串、佛珠、朝珠与旧制几乎一样，专家都看不出旧穿新穿。他穿成的一条朝珠，曾在我国香港拍卖卖出 6000 万港币。

沉香是瑞香科白木香结油部分，是沉香木植物树心部位受到外伤或受到真红油菌感染刺激后，大量分泌树脂帮助愈合，愈合过程中产生含香物质，这种物质密度较大，可沉入水下，所以叫沉香，也叫沉水香。沉香有许多分类及名称，如按成因可分为熟结、生结、脱落、

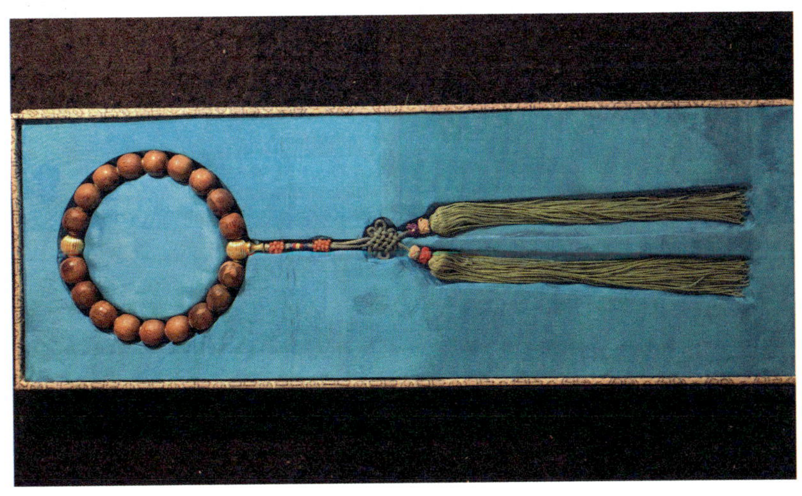

清代沉香念珠手串

清代沉香念珠项串

虫漏；按品级分，可分为倒架、水沉、土沉、蚁沉、活沉、白木，等等。中国古代使用沉香的风俗还是从外引进的，沉香盛产于南洋诸

国、诸岛，主要是通过海上丝绸之路进入中国。中国出口大量瓷器、丝绸、中药和茶叶等，进口大量香料、宝石和木材等。联合国唯一认定的古代海上丝绸之路的起点，就是中国的泉州。泉州港在宋元时期是全世界第一大贸易海港，马可·波罗在游记中写道：“离福州后，渡一河，在一甚美之地骑行五日，则抵刺桐（Caiton）城，城甚广大，隶属福州。此城臣属大汗。居民使用纸币而为偶像教徒。应知刺桐港即在此城，印度一切船舶运载香料及其他一切贵重货物咸莅于此港，是亦为一切蛮子商人常至之港，由是商货、宝石、珍珠输入之多竟至不可思议，然后由此港贩运蛮子境内。我敢言亚历山大（Alexandrie）或其他港运载胡椒之船赴诸基督教国，乃至此刺桐港者，则有船舶百余，所以大汗在此港征收税课，为额极巨。凡输入之商货，包括宝石、珍珠及细货在内，大汗课税额十分取一，胡椒值百取四十四，沉香、檀香及其他粗货，值百取五十。”我们由此得知，那时候沉香是作为普通货品大量进口的，而元朝沉香税率高达 50%。后来在中国的两广、福建、海南和云南的深山密林中，也发现了沉香木。

惠先生帮我把这两串沉香珠穿得美观大方，不酸不假，不怯不闹，我定做了一个锦盒放置手串，买了个朝珠盒放念珠项串。那个朝珠盒档次不高，是荔枝木做的，做工简约，我买它是因为盒盖上有原主人的墨宝，记录了购买年代和价格，“钱一十六文，大清乾隆四十六年”。看来历史书上康乾盛世、物阜民丰也是有的，老童谣说：乾隆年，笑呵呵，一个制钱俩饽饽。那时一两纹银可换铜钱一千文，而十六文钱也只是微值。

第六章

清末民初北京盒子铺的外卖食盒

1992 年的夏天，我已经在美国读研两年了，那时的中国留学生没有管家里要钱的，都是自力更生，半工半读，大部分获得奖学金，并在学校找一份工作。没有校内资助的就在外打工，餐馆、工厂都有中国留学生的身影。我的经济问题基本解决，得到了一笔数目不大的奖学金，还有一份校内做教师助理的工作。另外我做了一个全美邮购钱币销售，这个外快每个月能收入两千美元左右。同学田溯宁说可以帮助我弄一个互联网销售钱币的系统，以后可以在网上订购，我十足外行，没有敢创新。后来田溯宁回国创业成功，公司在美国上市，他自己也担任中国网通集团南方公司总经理。有一次他见面对我说你如果那时听我的劝，你就是全球第一个在网上做钱币销售的人。第一个吃螃蟹的人我哪敢当，性格决定命运。

美国学校暑期很长，从五月下旬一直可以休到九月初，我正好可以用来回国探亲。在学校移民处办好回签，我购买联航机票回了北京。先在亲友家和餐馆大吃二喝几顿，解了在留学期间吃不到中国饭菜的馋劲儿，又将带回的几千美元托琉璃厂的老黑换成人民币，然后就去一家在美国念念不忘的店铺。这家店就是位于东单路口东南角的“华夏工艺品商店”，二十世纪八十年代初期就在东单营业，我曾多次进去观赏，买不起，只能看看。到我医学院毕业，每月工资也只有七十元，连买书都不够。这家店隶属北京工艺品公司，也称首饰公司，和北京文物商店是仅有的两家可以在北京收购贩卖古玩的官方机构。文物商店里古玩多，文物专家也多，买东西的话捡漏不是很多。工艺品公司有老有新，里面做工作人员的，外贸商务专业的人多，但文物专业的人少，所以捡漏机会相对多些。我以前对这家店印象最深的是各种古旧钟表和古董家具。

再探旧店的感觉不一样了，觉得里面的东西不算贵了，镶嵌大颗红珊瑚的蒙藏式大银戒指才五十元，清代民窑瓷器也很便宜，我买了不少瓷器和翡翠小件。钟表虽然好，但在美国也有金银壳带问（问是指按钮可以报时）镶嵌珠宝烧珐琅的，不比这里贵，所以没有买。我在杂品部停留时间最长，因为觉得古玩边缘地带最易出漏。我发现一架大型软木雕，不算古董，是二十世纪五十年代制作的“苏联展览馆”（现在的北京展览馆）的模型。模型制作精细，上刻“苏联展览馆”字样，CCCP（苏联的俄文全称缩写）之下是苏联国徽，两旁廊柱之间是苏联十八个加盟共和国的国徽，主顶是高锥尖顶，最上方是一颗五角星，前面广场有喷水池。整个木雕固定在一个大型影子木镶玻璃的展示原盒内，分量也不轻。问问价格，才一百多元，直接买了，毕竟是北京十大建筑之一。以前只听说有象牙模型，现在看来也有木质模型。这座俄罗斯风格的富丽堂皇的建筑于1958年更名为北京展览馆，沿用至今。它的附属餐厅就是大名鼎鼎的“莫斯科餐厅”，被称为“老莫”，毛泽东、周恩来、刘少奇、赫鲁晓夫都曾在里面用过餐。它是我少年时吃过的最豪华的饭店，没有之一，里面所制的红菜汤也是我吃过的最好的。当然二十世纪九十年代后，随着第一代厨师的退休，里面菜肴质量大幅下降。

“苏联展览馆”木质模型

“苏联展览馆”木质模型

“苏联展览馆”木质模型

（当年照相馆推出十大建筑的个人相片书签，这两张都是“苏联展览馆”，即现在的北京展览馆）

我在店里买了很多东西，工作人员仔细打包放进纸箱，我在这期间又发现一个黑色大圆盒，直径足有七十厘米口径的盆那么大。问营业员这是装什么的，回答可能装食物的。搬过来打开一看，木质髹（读 xiū，指以漆涂物）厚层黑漆，盒底分成九格，里面共有九只盘子，其中间是圆形，周围八只扇形盘呈葵花状放射排列。盘子由一种很细腻的青绿色石材所制，很像东北绿松花江石或者广东绿端石。我猜想会不会是文房用具，是画家画丈二匹大画时的国画颜料攒盘。这个东西可是撞见的。问了价钱，三百元，在当时算贵了，但因为东西奇特，还是留下了。结账后，店里还整体打了个八折，装成三个大纸箱加一个绑好的大圆盒。一个人根本没法带走，店员好心替我在门口等到一辆出租车。那时北京的出租车还没有黄小面

清末民初北京盒子铺外卖食盒

清末民初北京盒子铺外卖食盒

清末民初北京盒子铺外卖食盒

和红夏利，几乎都是日产大皇冠，装车后开到我住的地方，卸在居民楼单元门口。我住三层，只好分两次搬到二楼，再分两次搬到三楼，让东西尽量不离开视线。到了家，那个大圆盒子左看右看，也看不出到底是干什么用的，只好把它放在床底下，一放很多年。

直到很久以后，看了几本唐鲁孙先生和白铁铮先生的老北京往事录，才知道这是盒子铺装酱肉的外卖食盒。老北京大教（满汉）吃的熟肉食物，市井上有三类来源，最讲究的是盒子铺，主打熟食猪肉，所制作的酱肉、熏肉、烤肉（炉肉）都很讲究，也卖生猪肉及猪下水；其次是猪肉杠，以卖生肉、下水为主，也卖一些酱货熏货，对应清真卖生肉的叫羊肉床子；最后是红柜子，是流动贩子背着一个漆成红色的木柜子，里面是各种酱熏肉食和下水，还有烧饼和熏鸡蛋。他们几个人组织成一个锅伙，统一制作，分别售卖，从汤锅或肉杠上进货，自己找地方制作，汤锅也制作一些酱猪头、炸大肠之类的熟食，但因粗劣而少人问津。每个锅伙的红柜子有一定数量和规定的地盘，谁卖哪几条街和哪几条胡同都是预定好的，要是到另外的地盘售卖叫“捞过界”。红柜子的叫卖最奇特，市面唤为“炸面筋”，可您要问他买炸面筋，十回有九回没有，常年老主顾事先预定才能吃上。但他们卖出的熏猪肝、猪耳、小鸡蛋，味道独特，有些老顾客认为不比大饭馆的菜肴逊色。而招呼红柜子的称呼也奇特，老客称他们为“卖熏鱼的”，其实每年中只有当季几天，他们才熏几条小黄鱼或几只对虾应景，绝大多数时候是没有海货的。老北京人说话最讲究，要是叫人家“卖杂碎的”“卖熏鸡蛋的”，那就得打起来。北京人说话回避“蛋”字，炒鸡蛋叫摊黄菜，鸡蛋炒肉片叫木樨肉，蛋清鸡胸绒叫芙蓉鸡片，熏鸡蛋叫熏鸡子儿。红柜子最爱待的一个场所就是大酒缸（老北京的一种下等酒店，里面大缸埋入地下半截，盖上厚木盖子当餐桌），切一盘熏肝、熏耳朵下酒，酒后用烧饼夹熏小鸡子儿当主食，是那些出力气挣钱的爷们的一大享受。对应清真熟食挑子下街的叫白柜子，卖白水羊头和烧羊肉等。

再回到盒子铺上，每年二月二龙抬头，北京的各个宅门里都张罗着接姑奶奶回家咬春省亲。特别是旗人，姑娘嫁出去，婆家规矩又大，娘家只有借接姑娘回家探亲之举，隆重大办，以显示娘家是姑娘永远的后盾。描写最气派的当然数《红楼梦》里的“元春省亲”。原型据说是曹雪芹的姑姑，被康熙特旨指婚镶红旗王子讷尔苏，后成为平郡王正福晋。调到南方的旗人都不忘本，家住在北京的更是当成大事，接姑奶奶家宴早有定式，吃春饼，炒几个时令菜，醋熘闯菜（去两头的豆芽）和摊鸡蛋不可少，如果小户人少，直接弄个炒合菜盖被

窝（菜上摊鸡蛋），然后要去盒子铺叫个盒子。盒子圆形，分为五格、七格、九格，都呈葵花样排列，最大九格盒子直径足有两尺开外。格子里置放小盘子，一般怕运输过程中有闪失用的是木盘，里面码好了酱肘丝、炉肉丝、咸肉丝、酱肉丝、熏肉丝、雁翅丝（红曲熏大排骨）、大肚丝（牛金钱肚）、小肚丝、腊肠丝、烤鸭丝、酱鸡丝、熏鸡丝等。有的盒子里是定式，有的是按要求配菜。叫好盒子，铺里的力笨（伙计）按时用带提手的箱笼（可以将盒子封好，防止力笨半路偷吃）将盒子送到宅门，过了饭点再来取走家伙什儿。老客户从头到尾不提钱字，铺户管账的三节（春节、端午节、中秋节）时带折子上门给客户请安结账。

老北京有名的盒子铺有下列几家：西单牌楼有泰和坊与天福号，天福号现在仍然营业，没有盒子了，制作的酱肘子以入味著称，肥而不腻，瘦而不柴。西四有德庆楼，东城八面槽有宝华斋，制作的青酱肉是北京一绝。二十世纪二十年代上海富商哈同的太太罗迦陵赴京尝了宝华斋的青酱肉，赞赏不已，居然将宝华斋所有货底全部打包运回上海，自用及赠送亲友。青酱肉制作周期长，此举害得宝华斋好几个月无青酱肉供市。南城有便宜坊，焖炉烤鸭是主打，现在已经改成饭店。北城烟袋斜街有晋宝斋，是北京城最老的铺户，始于元代至正年间，最早售卖各种酱熏熟肉和北方野味，入清后卖盒子菜，最名贵的大号盒子中心的五寸圆盘里，像虎皮鸽子蛋或炸虾球的菜肴是切块酥炸的牛睾丸。你若单要这个，回话一定是没有，只有价格最高的盒子里特别置放。人家店铺和牛街屠行是长期合作关系，才能弄到洁净新鲜的食材。七七事变后，日寇占据北京，一些有名的字号停业以表达不合作，其中就包括晋宝斋和另一家元代老店二合义奶酪铺（售卖牛奶、奶油、奶酪和奶点心）。

吃春饼和吃卷饼烤鸭差不多，也是蒸薄饼羊角葱抹甜面酱，要先加盒子菜，再加家常炒菜，卷起来底部折回，要不洒汤不破馅。我出生得晚，没吃过青酱肉，北京炉肉也没口福。据说炉肉起皮回锅炸了就是名菜“炸响铃”，是道光皇帝的最爱。冬天炉肉炖白菜是雪夜的最佳菜品，据王世襄先生回忆，他拜访前辈溥雪斋，那时物资短缺，溥老留饭，告诉家人：“熬白菜，多放肉。”放的就是炉肉。现在北京炉肉没了，但广东烤小猪倒是很像，只是广东、香港、美南地区潮湿，吃不到那个脆劲。德国烤猪肘不知是不是跟中国人学的，倒是烤出芝麻皮和炉肉相似。如果到欧洲旅游，约上一二好喝啤酒的朋友，在火车站买上两份烤猪肘，提上一打著名黑啤酒，乘坐欧星列车（Eurostax），边看风景边饮酒吃肉，倒不寂寞。

还有一样是熏雁翅，小时候吃过，现在也“断桩”（老北京土语，意为“绝了”）了。大排骨调上红曲，又好看，又下酒，将吃剩的肉切碎炒绿豆嘴，既下饭，又佐粥。小肚儿是用猪膀胱盛放猪肉和猪肝加葱姜蒜料酒及淀粉做成。二十世纪六七十年代时我吃过副食店小肚儿，里面主要是淀粉，星际陨石般几点肉星，一股作料味。现在有人研制松仁小肚儿，是根据相声贯口“松花小肚”恢复的传统食品，其实相声里的松花小肚是两道凉菜，松花蛋和小肚儿，穿凿附会地把松子仁加在小肚儿里不是味儿。

清末时期北京人口流动变密，一些南方的店家也到北京开饭馆，不单有四大春饭馆，还有南味盒子铺、镇江肴肉、南京咸水鸭、苏州陆稿荐酱肉和上海盐水鸡鸭胗肝都进了盒子，也受到北京市民的喜爱，把南味盒子菜，起个名字叫“苏盘”。我虽生于北京，但对南味熟食喜爱更多。中华人民共和国成立之初，周恩来总理礼请上海熟食老字号“浦五房”进京，店开在八面槽，小时候对“浦五房”的炸铁雀和酱汁肉都情有独钟。

我这个盒子，是使用名贵石材的餐具，还是有些与众不同，我想应该是大宅门待客时，盒子铺专门制作，以精细食料装在高档餐盘送去给主人长脸的。如果往王公贝勒府里送盒子，掌柜的会亲自带着厨师伙计一起去，非但不能谈钱，还要提两只刚出锅的酱鸡打成蒲包送给府里的管家。到了三节算账时，掌柜和账房先生带着折子到府里找管家结账，货品按市价的十倍报账，出府时能带上三倍的货款，剩下的好处自然都归了管家。

搞明白这个盒子跟文房用具不沾边，只能当成民俗用品收藏，价值自然也不会太高，这个外卖盒子只能长期安卧床底，即使它是当年北京一宗“断桩”食物的佐证。那个“苏联展览馆”模型，后来有人出了六万元，未售。

第七章

汉代玉席及玉温明镶贴的错金琉璃片

1994年夏季，我和太太拿到美国绿卡，决定搬出校园城市拉伯克，迁移到附近的大城市达拉斯。为此我们还专门买了个尼桑小皮卡，先送一皮卡车物品到达拉斯，寄存在同学田溯宁家中，再将其余东西装了一皮卡和一辆卧车，搬家到了达拉斯。太太在田溯宁夫人的帮助下找到了西南医学中心遗传实验室的工作。我当时有几种选择，下策是用在美国学习的专业找一个医学院实验室的工作，或是应聘医院营养师；中策是做古玩艺术品自主创业；上策是准备美国医师资格考试，通过后，再干三年住院医（中国叫住院医生），就能出头了。

我自觉已经念了22年书，真是念够了，再去考试学临床，实在没有勇气。去实验室或医院找份养家糊口的差使又不甘心，真成了“高不成，低不就”，只能自己靠兴趣摸索着自主创业了。在自己创业之前，两眼一抹黑不成，要先找个地方边干边学习。达拉斯没有什么正经亚洲文化古玩店，有一些打着古玩名号的店卖的不是新红木家具，就是新工艺美术品。最后还是找了一家在世贸中心大楼里经营珠宝首饰批发的公司，老板是中国台北人，面试当天就取得了批发经理的职位。

达拉斯的世贸中心和纽约的世贸中心不同，纽约是双子塔两个高楼，达拉斯土地便宜，是一个独栋正方形建筑，里面的各家公司都有作为窗口的展厅，不接待散客，只接待前来订货的商家。每个月在全美各地都有首饰秀，老板会带人去参加。我跑外的时间多，在展厅的时间短。这一年的感恩节前，老板去纽约参展，展厅只有我和两个女员工，九点钟我们准时从后库提出各种金质镶宝石或不镶宝石的首饰摆放进前厅的各个展柜。正在忙着，门口自动门一响，有个亚洲人进来了，是个四五十岁的中年男子，穿着西装，洁净利落。一个女员工放下手里的活走上去招呼：“先生，有什么能帮助你的？”他不是经商进货的，只是问老板是哪一位，他有一点东西要出售。女员工回答：“老板出差，后天回来，你可以留下名字、电话，老板回来后和你联络。”我多嘴问了句：“什么样的货物，和我们经营的东西类似吗？”因为我知道我们公司只做金银珠宝首饰。他说：“是几块中国古代玉器。”我眼睛一亮，对他说：“和我们老板的商品不搭，他肯定不会要，但你可以给我看看，说不定我个人感兴趣。”他说：“你们说中文吗？”

我们当然会说，我原籍北京，一个女员工原籍广西，我们国语没问题，另一个女员工是中国香港来的，广东话当然没问题。

来客开口却是美式中文，有些别扭但听得懂。他说他祖父 1949 年到中国香港，二十世纪五十年代移居美国，这些玉是祖父留下的。我那时已经在古玩市场混迹多年，从来不听故事，什么爷爷是太监，奶奶是宫女，东西是从故宫偷出来的桥段，我一概不信，是真是假，让东西自己说话。我在柜上放了一个绒垫托盘，请他把东西亮出来。中年男子从身上摸出一个不小的长方形日本锦盒，打开将里面东西移到托盘里，是几十块玉片，上有图案还有贴金，贴金掉了不少，许多块上有土及少许朱砂。玉质大部分石灰鸡骨化，少数背面有开窗，呈现出青白半透明光泽，很重的玻璃光。我虽然转型玉器没几年，好坏分不太清，对于真假，却是悟性不错，认为这些玉片是开门的生坑真

汉代玉席及玉温明镶贴的错金琉璃片

汉代玉席及玉温明镶贴的错金琉璃片

品，岁月氧化过程很清晰，但是什么东西就不太明白了。金缕玉衣上的玉片，每片都是五点多厘米乘四厘米的大小，有些大了，玉带上的，又有些薄了。反正是真品，先拿下再说。我问他在世贸中心有没有给别人看过，他说给一家批发中国工艺品的公司里的人看过，老板不在，约期再来。

一问价钱，真不少，几乎超出我能力范围，一来一往的砍价，到了最后砍下来四分之一，我提笔给他写支票时还有些心痛，这都超过我两个月工资了。旁边两个女员工也直吐舌头，直接吐槽："有这些钱还不如买辆二手的日本小卧车。"我将支票交给中年男子，并给他留了驾照号码，顺便问他这些玉片的来历。他说是他祖父在离开北京前买的，祖父生前喜欢玩古董，这是跟一个古玩商买的。他一边说一边将支票放入锦盒中，在锦盒角落里抠出一个小玉鼻塞，顺手递给

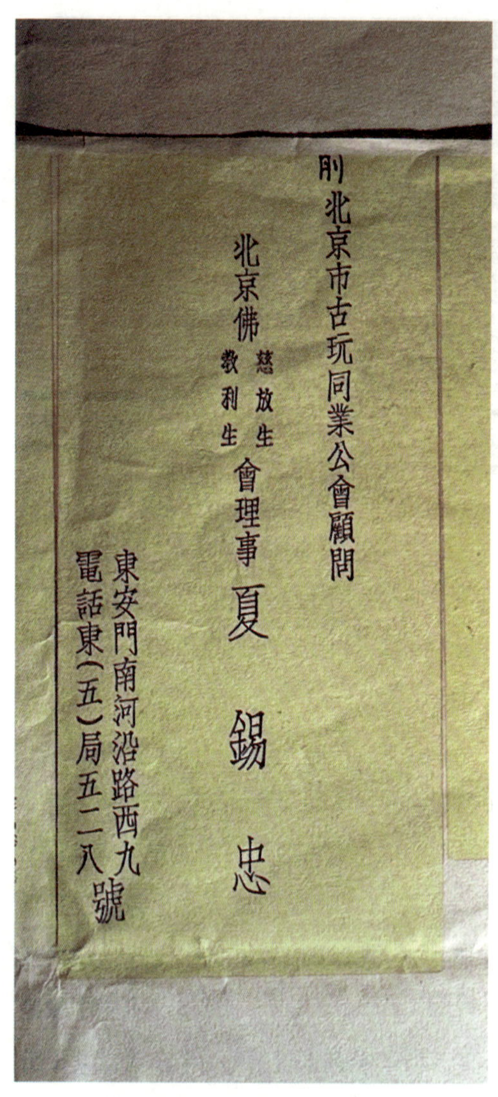

民国著名古玩商夏锡忠名片

我:“这个是和玉片一块来的，送给你吧。”我接过来谢了他，想玉鼻塞是古人大殓时用的，看来玉片也是墓葬明器。他从锦盒取出一张名片让我看，说是这人卖的，他爷爷和他的一个朋友买了分成两份。我一看名片，大名夏锡忠，还有一行小字是某宗教协会的理事，还是北京古玩同业公会顾问。我以前看过陈重远写的琉璃厂史话，夏锡忠和岳彬、崔耀庭一样都是民国琉璃厂后期天王级商户。他主要做出土瓦陶、石像、铜器，是当时不多的经营明器的商家，中华人民共和国成立后，将所藏的出

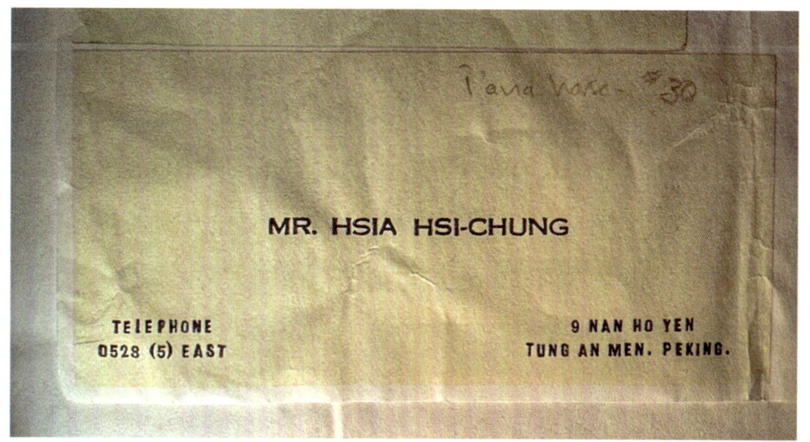

民国著名古玩商夏锡忠名片

土文物都捐给了中国历史博物馆（现改名中国国家博物馆）。我问中年男人，另外一半在你爷爷朋友手里，现在有下落吗？他笑笑说：“从我祖父到美国就失联了。”我请他把名片留下做个证据，他说不能给，还有别的东西，拿这个做证明呢。我边用公司彩色复印机复印名片边问他：“别的东西出手吗？”他说：“这些玉片，我一个朋友说有些特别，我就处理了。别的想卖时，以后我再来找你吧。”一边说，已经出了门口，随滚梯下楼了。我反而有些疑虑，他名字也不留，急忙卖完就走，是不是东西有些问题？我赶忙打开包好的玉片，一片片看去，直到再次确认是真品才放下心。

下班之前，我叮嘱两个女员工保密，就将包好的玉片放进饭包带走了。回家取出欣赏，共有 32 片，大部分是 5.5 厘米 ×4 厘米的，其中多数是四叶草纹的，有一些是回纹四凹式的，还有一枚加长型的四叶草和两枚圆形龙纹的。工艺是雕刻出阴文槽后再填入金箔，就是叫作错金的战汉时期工艺，只是和在青铜上错金不同，铜错金是图案开槽后将金和朱砂（硫化汞）加热熔成半固体，填进凹槽后修平整，然后将整个器件在火中高温翻烧，使金汞化合物中的汞挥发掉，只有金留在铜器上，这种错金颜色漂亮还有些发红。在玉上错金就不能烧了，开槽后，用金箔剪成图案中的形状，金箔加热后，槽内涂抹鱼胶或树胶，再把金箔平整地贴进凹槽。这种玉错金的方法叫作“冷烫贴金”，不像铜错金那么牢固，玉上的贴金随着胶脂氧化变得无黏性后脱落。这批玉片上的贴金掉了不少，但留下来的也很多。每片的玉片四角各打一孔，孔内有金箔留存，看来是用丝线包裹金箔当成穿缕，丝线朽坏了，只剩金箔留在孔道中。这批东西定位应该是两汉时期的丧葬用具。但不太像是玉衣上的玉片，因为太整齐，块也大了些，满城汉墓刘胜的金缕

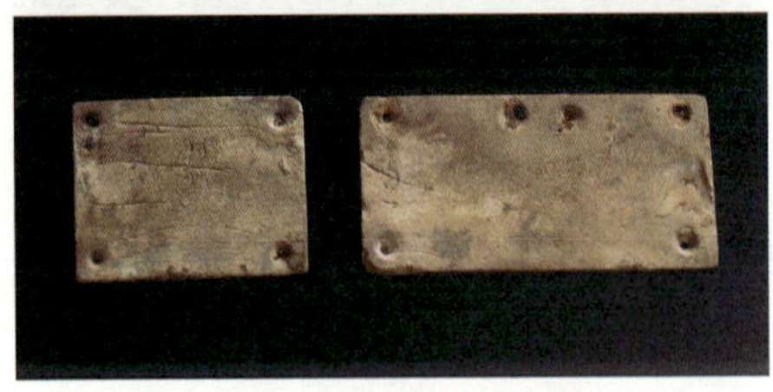

汉代玉席及玉温明镶贴的错金琉璃片

汉代玉席及玉温明镶贴的错金琉璃片

玉衣上的玉片形状不一，根据人体型而制造，玉片上面用了真金丝穿孔但也没有刻工图案。这套玉片使用金箔，没道理比中山靖王的规格高，但玉片上的图案怎么说？难道真是帝王或一字亲王（如吴王、齐王）的玉匣（玉衣在汉代称玉匣）？最后，我判断是属于半副玉匣的体制。因为每块形状单一，且每块面积较大，连成一领丧葬玉席是有可能的，其中有几块玉片上有覆盖粗编纺织品图案的痕迹。古人把玉

汉代玉席及玉温明镶贴的错金琉璃片

当成肉身不朽的保护神器。那些爵位未能达到使用玉衣的贵族，弄张玉席来保肉身也说得通。席子是中国古代先民第一件家具，因为最早人类席地而睡、席地而坐。吃饭时食物也放在一领席上，直到现代，“席”字也用于很多名词和成语，如一席之地、酒席、宴席等。人死后的葬席也很重要。我将这些玉片定位后，要找证据，但20年过去，也没有什么信息支持。1995年春天我从这家公司辞职，后来和以前同事联系，得知那位卖玉者再也没有回来过。这批玉片静静地躺在盒中，等待判断身份。中间匀给朋友李东清先生四枚，共同研究。

直到后来，在北京的中国书店买到一本《中国玻璃》的图谱。里面有两片形态和这批玉片很像，只是上面的贴金全部没有了。书上定为汉代琉璃片。我原以为战汉琉璃是那种国外进口的像蓝色蜻蜓眼珠子那样的奢侈品，没想到国产琉璃是这种青白色，还那么易石灰化。难怪开窗的地方闪玻璃光，和玉返包浆的光不一样。战汉时期，把琉璃和玉相同对待，都认为有沟通上苍、平安保身的功效，中国本土制造的琉璃，颜色和质地不如西方贸易来的琉璃。最早的中西贸易之路，从西方两河流域认为是进口丝绸之路，从中国认为是进口玉石之路，所谓的玉石是指从两河文化（巴比伦、波斯等国家）而制造的琉璃和新疆地区的玉石。那些跨国贸易的商队将琉璃、玉石和胡椒从西方运来，把丝绸、小件青铜器、漆器运回西方。虽然路途遥远且有危险，但利润极高。当年从西方进口的蜻蜓眼琉璃珠因为昂贵，只有贵族才能佩戴，战汉各朝也想法自己制作，但因原料、配方和工艺问题，制出的琉璃在透明度和颜色上都不如原产地产品。我忽然想起，

那个中年男人说因为有人说玉质特别才出售，看来他也明白这些是琉璃呀。

2021 年，央视“探索与发现”节目中突然出现一些琉璃片，和我存的那些简直一模一样。我赶快用重放功能仔细看了一遍，讲的是 2017 年 6 月，在山东省青岛市黄岛区张家楼镇土山屯村，即古时琅琊地区，在编号为 147 的墓葬中，发现连缀贴金琉璃片的葬席和头部罩着的镶嵌金丝琉璃片的木盒，从墓主人印章得知，墓主人名刘赐，官居县令。从一同出土的遗册木牍上列出的随葬品看，葬席名为玉席，木盒名为玉温明，考古得出墓葬时间为西汉晚期，墓主疑似是帝王宗室。

这次考古的重大发现，是首次解读了汉代丧葬用具——温明。从史书上经常看到温明的字样，和玉匣、梓宫、便房、黄肠题凑都是顶级丧葬用具。考古界早知道玉匣就是玉衣，有金银丝缕之分；梓宫就是死者的棺椁；便房是别开的墓室，里面照死者生前的生活布置家具和生前衣物用具；黄肠题凑用黄色香柏原木剥皮切断，搭成一个包裹棺椁的木堆。直到这次琅琊汉墓发掘，才从实物与丧册上文字对照中知道什么是温明。温明是一个漆木方盒，前面开口，可以放置在死者头部，将头部完全包裹，温明外绘图案，内镶玉片，内上置镜，悬在头上。实际上玉温明是西周以来的玉覆面之延续，古人传死后以玉覆盖脸上可以不朽升天，所以将玉片缝在丝织物上，罩住死者面部。我存有两副玉覆面都是地方软料的，还有几块覆面玉片是西周初期用商代玉器改制的，说不定就是商纣王在鹿台戴着几万块玉器自焚后，现场捡回的未完全烧毁的玉器切割制成的西周贵族的玉覆面，上面商代玉器雕刻特点犹在。我知道的最精美的西周王侯级的玉覆面是隋年生先生捐给中国历史博物馆的那一套，玉质好，图案精细，造型立体。

琅琊墓玉席上的琉璃片，图案主要是四叶草型，考古称作柿蒂纹，很像成熟柿子下面的四叶柿蒂，代表根基稳固，席上另外还有龙纹玉片，大都是 5.5 厘米 ×4 厘米的，少数有长方形、菱形和圆形的。我的琉璃片里柿蒂纹的应该大多来自玉席，玉席上还应有一粗编织席，到底是粗丝席、草席还是藤席、竹席，就不知道了。墓中还原玉温明的图中，镶嵌于温明内部的琉璃片主要图案是 5.5 厘米 ×4 厘米的回纹四凹式样，少数有相同尺寸的龙纹、虎纹和更少数的圆形龙纹。我的琉璃片里回纹四凹式和两枚圆形龙纹的，都应该来自玉温明。古人的确把琉璃当成玉石，用玉做温明和玉席镶片很难制作出相同质量大小的镶片。我记得在扬州参观一家用昆仑玉制作 2008 年奥

运奖牌中玉镶片的玉厂，为达到大小、颜色和质量一致的玉片，开出的边角料及废料堆成大堆。损耗巨大。所以汉代人很聪明，用琉璃烧制很容易得到质量大小相同的镶片。我以前猜想这些玉片属于玉席的，看来不准确，应该属于半套玉匣的葬具：玉温明加玉席。感谢琅琊墓的发掘考古工作。让我在收藏几十年后得知来历。后来知道山东青岛琅琊墓的探索，名列当年“中国考古十大发现”。汉代是一个“王玉”时期，规定的随葬玉都有形制限制，很多由中央政府统一制作，至于何种官爵可享用半副玉匣，还是一个谜。

第八章

明式黄花梨笔筒

1995 年，我的收藏从铜转玉，已经完成了转型。这时得到了一个来自中国港台的信息，黄花梨笔筒现在作为原始股，以后有大块的升值空间。我稍作打探，市面上明式黄花梨笔筒，小的四五百元，中型的七八百元，大型的不过一千元出头，紫檀的贵上百分之三十。专营木器的马洪泉先生说:“趁着合适，我先弄一百个再说。”我也觉得有些道理，清代黄花梨树木几乎绝迹，早晚黄花梨会炒上去。于是在购买玉器杂项的时候，也顺便收了一些明式黄花梨笔筒。到二十世纪九十年代末，林林总总地也收集了六七十个，但后来有些让给朋友，

各类明式黄花梨笔筒

有些和别人换了东西，等黄花梨笔筒升到几万元一个时，我手里只剩二十多个了。

认识史志广先生也是源于黄花梨笔筒，那时北京古玩早市从华威桥底下迁到劲松土山，东西又便宜又好。一个红珊瑚顶子（二品）才两三百元钱，满水银亮铜底的青铜戈七百元钱，清代白玉挂件七八十元钱。有一次正在早市遛着，只听一声正宫调："你这烂筒子，什么价？！"我回头一看，一人穿着边式，摆着起霸（戏剧表演中的程式）的范儿，手里举着一只木笔筒。这一句，比打虎上山的土匪大麻子那句"蘑菇了哪路，什么价"还要王道。卖主畏畏缩缩地报价："您给一千吧。"那位把笔筒一撂，撩衣抬腿就走，嘴里留了一句"太贵了"。我赶忙凑过去偷学："什么木的？"那位把我头上、脚下、头上、脚下来回看了四眼，我耳中好像幻听到京剧锣鼓点“抬、抬、抬、抬”。他似乎是考虑一下值不值得跟我说，最后，从嘴角蹦出三个字：“黄花梨！”（嘴里真讲究，要是念成黄花儿梨，那就是怯勺[①]）这是我初识史志广先生。

过了几周，我在琉璃厂海王村后厅又见到史先生，他在那里有个摊位。和他熟了以后，才知道史先生真是戏剧出身，原在湖南湘潭京剧团当演员，回北京后，在草台班子京剧社当过团长。他也是改革开放后第一批捣鼓木器的，家藏明式宫廷镂空寿字特大黄花梨罗汉床。还将诒晋斋平复帖紫檀原装盒捐给了故宫博物院，现在景仁宫捐献榜上还有他的大名。我于是跟着史先生学木器，几年下来，木器学得不怎么样，倒把骂人学会了。史先生老北京话骂人一绝，曾有开国元勋后代从国外回来专门带孩子听他京骂的。木器大师张德祥对我们说：“老史以后骂人，你们给录下来，这一拨人走了，可就再也听不到了。”史先生老家在北京东边的西集公社，1990 年改为现在的西集镇。老北京话里许多元素都是来自京东地区。曹雪芹在雍正年间被抄家回旗，第一站落脚就在通州旧宅，曹雪芹在通州住过一段时间，对当地市井文化很有了解，他的《红楼梦》里就有大量京东俚语、村话，如“可怜见的”“扎乏子”，还有刘姥姥那句“这里的鸡儿也俊，下的这蛋也小巧，怪俊的。我且攮一个”。我有时心情不好，就到史先生店里坐一会，听听他的京骂，感觉比听郭德纲还过瘾，顺带着，也把内分泌调整了。

---

① 怯勺：北京土话，不懂行，闹笑话的意思。

明式黄花梨笔筒

还有两个黄花梨笔筒是葛咏岚先生出让的。据他讲，到南方乡镇去抓货，路边摆摊卖馄饨的，他们桌子上的筷子筒，很多都是老的黄花梨笔筒，花个十元八元的就能买到手。葛咏岚先生出道很早，历史知识丰富，家里摆着大部头《资治通鉴》。我曾问他："你又不搞政治，熟读通鉴干什么？"葛先生一生未婚，四十多岁才交了人生第一个女友，一个二十多岁的四川女孩。他当时曾得意地对我们说："世上还有这等美事！"谁知道过了一段时间，那个四川女孩来了个"卷包烩"，把葛先生值钱的古玩打包，直接回了老家。后来，葛先生追到四川，

明式黄花梨笔筒

明式黄花梨笔筒

想花钱把东西赎回来。结果怎样，大家没人敢问，不愿触他的霉头。葛先生晚景凄惨，原本他身体极棒，后因无心保养，生活没有规律，衰老得很快，眼力也大大下降，在拍卖时进手了几件假瓷器，恶性循环，资金越来越短缺。我曾在2006年见过他一次，他脸色不佳，衣着不整，牙齿掉落了许多。再不是十几年前，到琉璃厂先到孔膳堂打包一份清炒虾仁带米饭，一边端着吃，一边逛古玩店的那种潇洒随意的风范了。后来听说他中风瘫痪在家，钱物两无，几年后去世了。他当年曾过手无数好东西和钱财，结局却发人深省。

黄花梨属于落叶乔木，豆科黄檀属，生长缓慢，原产于中国海南岛。因为它属硬木而分量轻，稳定性好，成品不易开裂，而且木纹美丽，可形成虎皮纹、山水纹、鬼脸和狸面等外观，所以自明代以来深受宫廷和文人的喜爱，是制作床柜、桌案、学士椅和禅凳等家具，以及笔筒、托盘、官皮箱、文具盒和都盛（桌上文具盒）等文房卧房用具的首选。史志广先生还发明了一种指弹木器听声鉴定黄花梨的绝技。野生黄花梨如今已经伐用近绝，现属于二级保护植物。二十世纪九十年代初，张仲达先生曾在琉璃厂海王村后厅，展销一批用海南黄花梨老树根新制成的家具，虽然觉得古朴自然，但因当时着重淘古，不愿把钱投到新家具上，而错失了绝佳良机。

我主要在琉璃厂收笔筒，从商家和送货人手中收买，另外也和杨清先生去古玩城和亮马窜货。按杨清的话说，河里没鱼市上寻。他曾给我找到过一只黄花梨整挖诗文竹兰图笔筒，诗文有魏碑、行楷两种

明式诗文整挖黄花梨笔筒

明式诗文整挖黄花梨笔筒

书法，兰竹构图尤佳，而且都是深刻填石绿，包浆漂亮，皮壳闪琥珀光，放置案头，卓尔不群。

还记得有一次，海王村王秀英卖我一只黄花梨折叠式棋盘，一面象棋格，一面围棋格。我直觉东西有点别扭，跟她说拿出店看看，在海王村市场外空地正对着阳光辨认，以前一起玩钱币的朋友陈业走过来，看我拿东西细瞅，对我说：“你要拿不准，让老马看看。”他最近正和马未都傍着（北京方言，指合伙）做生意，我们走几步到了西琉璃厂庆云堂旁的观复斋，马未都看了认为是奇特的明式黄花梨嵌银丝折叠式棋盘，而且征得我同意，找人拍照下来，说用楠木复制几个当仿明品卖给日本人。我夹着棋盘回去付钱，在海王村遇见葛宝华先生，葛先生长期在一线收购、修理、销售古旧家具，而且有厂子，看木器眼力超级好。他拿过棋盘，扫上一眼：“叉帮车，这儿、这儿、这儿都是后配的。”我相信他的眼力，葛先生一向恃才自傲但不说瞎话。我心气全无，将东西还回王秀英。不想下午就被经营木器的舒德禄买走，转手赚了一大笔。后来了解到王女士的先生是龙顺成的老技师，自己修补一些小件木器，成品几可乱真。我反而有些后悔，虽然动过手脚，但因主体是老的，也应该留下，完美主义害人啊。半年以后，王秀英又卖我一件明代黄花梨都盛，我虽然看出有几处修补的痕迹，还是收下了。

第九章

清代状元洪钧书法四条屏及金花门楼黑漆木条案

1995 年春季，辞掉在美国世贸中心的珠宝销售主管职位后，我决定在找新工作之前，先回北京探望父母。当然，借机也可以大逛北京古玩市场，在琉璃厂文化街海王村后厅，沈松根先生早存下一批货正等着我的到来。

老沈是绍兴人，看上去一副南方人精瘦且精明的样子，可与他相熟的同业说："老沈，比北方人还实诚。"老沈当兵出身，改革开放初期，在北京当过经理，开过公司，赚过大钱，也见过大世面，后公

司因故解散，他收拾资金到琉璃厂做起了古玩生意。他买卖古玩与众不同，别人是憋宝（收买卖主不重视的珍宝）买，嗨价（超出市场价值）卖，而他就像春秋时期的陶朱公（范蠡）做海盐贸易一样，沾利就走。我1993年第一次见到他，他拿出一大盒明清玉器疙瘩件，让我挑选，因为价格不高，每件四五百元，我就拣中意的挑了七八件。最后拿起一件白玉鼻烟壶，居然上面还有御制诗，只是字口太浅，一些字有些模糊了，问价是1300元，比别的玉价高一倍多。我稍有犹豫，因是第一次打交道，见他模样瘦弱，加带一点南方口音，生怕中间有坑，就告诉他这件壶要考虑一下再说。晚上回家整理收获，心里还是放不下那只鼻烟壶，因为它形制规矩，和田白籽玉种，上面馆阁体文字也相当合范，极有可能是造办处的东西。左思右想，第二天拨马杀回，可老沈告诉我昨天下午已经1200元售出了。当时只是有些遗憾，后来知识丰富了些，才知道这次经历就相当于人家摆了一桌燕翅席请客，而我在席上只吃了两枚四喜丸子。乾隆造办处的玉工砣字就是砣的浅，现在这只鼻烟壶身价大概已涨了百倍。

后来一段时间，老沈向我提供了很多东西，有古玉、旧紫砂壶、老蜜蜡、文玩等，其中两份拓本印象深刻。一份是明代文徵明拓印的历代法书一箱共十本，上面有王力先生收藏章，老沈卖给我1万元；另一份是南宋定武兰亭序肥本（肥本指初拓本），老沈只要价4000元，我试着还了还价，居然3500元拿到了。马上就嘚瑟拿给几个朋友欣赏，其中一中国台湾朋友喜欢得不得了，几次求让不果，最后跟我说："这几天开车时，眼前全是'永和九年'等一串串白文，没准儿哪天前面红灯都看不见了。”我想兰亭序虽珍贵，总也贵不过人的生命，万一什么时候出了意外，以后良心上也过不去，于是微利让给了他。我也是后来才知，晚清军机大臣宝鋆，在闹市猪市口（现在的珠市口）开了一家古玩店，由府中管家经营。有买官问爵的想走宝中堂的门路，就得到该店购买古玩，送给宝中堂添寿，求什么等级的官，就买什么档次的古玩，这条路子是真正的明码标价，一分钱一分货，是当时出名的硬帮门路。售官最贵的是苏松太兵备道（上海道，相当于今天上海市市长），相对应的古玩是四十万两纹银的玉枕兰亭一本。在清末，文人首重小学（书法文字），法书拓本是价值最高的古董。今天写字的人少了，但好拓本还是属于凝集中国传统文化的文物，台北故宫博物院珍藏的兰亭序最好的拓本，就是定武兰亭。

再后来和沈松根先生很熟悉了，我不在北京时，就委托老沈替我代收古玩，回来后每件给他加一些佣金，这种关系持续了近 20 年，直到老沈于 2011 年患病去世。老沈一生，极重情义，只是离婚后生活不规律，又嗜烟酒，虽然当过兵身体底子不错，但还是消磨致病。

话说 1995 年春天，这一回老沈给我准备的是几件玉器、一串汉代琉璃珠子，还有四轴旧字。打开一看，四幅是一套，采用精致的花边笺纸，纸分四色，黄朱灰蓝各一，上书行草文字，飘逸华美，落款是文卿洪钧。小时候看过金松岑、曾朴的《孽海花》，洪钧不就是同治年间的状元、赛金花的老公嘛！

洪钧，号文卿，苏州人，同治三年举人，同治七年戊辰科进士，殿试第一，状元，是天子同治第一个门生（状元又称天子门生），例

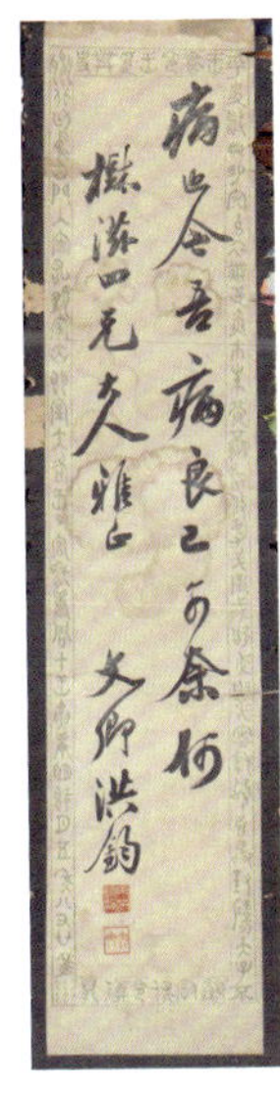

清代状元洪钧书法四条屏

授翰林院修撰，历任湖北提学使、南书房侍读学士、内阁学士兼礼部侍郎、出使俄德奥荷四国全权大臣、兵部左侍郎、总理各国事务衙门行走。洪钧曾在国外重价买到一份俄罗斯制作的远东地图，回国翻译勘刻印刷后交给政府，不想图中很多属于中国的边境土地被划给了俄国。光绪十八年（1892）中俄之间发生帕米尔争界案，沙俄外交官出示中版该图作为证据，洪钧因此受到多名御史联名弹劾，抑郁悔恨，第二年就忧病而终。洪钧一

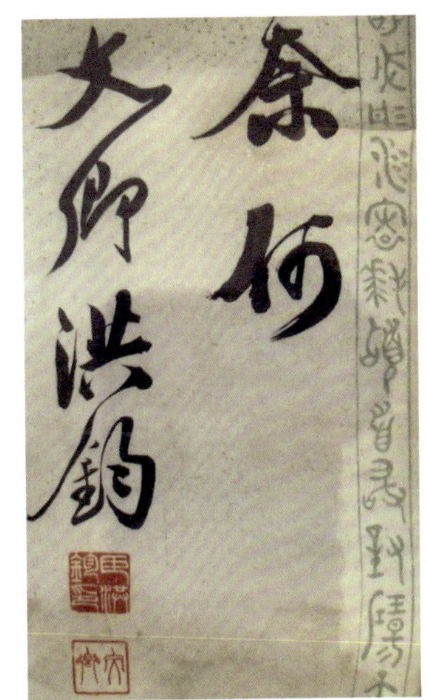

清代状元洪钧书法

生最为现代人所知之事，是纳晚清名妓赛金花为妾。

购得洪钧字轴几年后的一天，我到八宝山为祖父扫墓，祭扫出来时，总觉得少了些什么，仔细想想，原来是位于祖父右下一隔柜中，末代皇帝溥仪的骨灰盒不见了。溥仪的骨灰盒是整个骨灰堂中最讲究的一个，紫檀满工，底平而宽，上面镶嵌溥仪照片。我每次扫墓都会驻足瞻仰一下，总觉得是清代造办处的手工紫檀盒改制而成的，现代没有这么好的工。骨灰盒去哪儿了呢？后来得知，有商家建立遵化东陵商业公墓，恭请溥仪遗孀将他的骨灰盒移至东陵新建大墓安葬了。

从八宝山出来，向西步行几步就到了北方古玩收藏市场，张砚宏就在里面开有大店。他曾在北京古玩城、报国寺、亮马古玩城、南爱家等地开过店，但都依次关闭，唯有北方市场这个店一直保留，我很不解，问他为什么古玩店不开在繁华市区，反而开在郊区。宏哥笑而不答。直到上次来这边坐坐，才知道原因。那天我还没坐稳，就进来一对夫妇，虽未穿军装，但是军裤加制式皮鞋就已表明了他们的军官身份。宏哥一见他们，马上站起来高兴地说：“您二位可算来了，您上次问价的这套圆桌圆凳，您再不决定就没机会了，有好几拨人都问这一套，我说有人订下了，说了好几次，我都嫌烦了。您要是要，我还按上回说的进价给您，您得先押定钱，还得回家拿床大床单回来给盖上，省得东也问、西也问。”那二位听得一愣一愣的，马上交了几千元定金，转头就出店回家取床单。宏哥冲到门口，冲外面两人喊：“别忘了给我带两条烟！”我这才明白，八宝山一带军事单位比较多，职务高的军队干部也多，这一群体素质都很好，诚信、豪爽、讲情义。

宏哥在这一带如鱼得水，销售技巧发挥得淋漓尽致。我对宏哥说：“您不去演艺界太可惜了，凭您的演技，中戏毕业的都没饭吃。”宏哥笑笑：“一般，一般。”

这次一进门，发现上回那套酸枝木仿古圆桌圆凳已不见了，取而代之的是一只大型的柴木黑漆的翘头案子。我对宏哥说：“您真有本事，那套家具被您那么容易地抡出去了。新到的这个条案倒是老的，虽然带点明式味，但这黑漆用的，翘头不用榫卯，直接楔了铁钉子，做工还是像清晚期的。”宏哥知道我不要这路东西，顺口应答：“前门一带拆迁喝街的刚给送来。”“喝街的”是指那些推着平板车下街，到居民区吆喝收买旧货、旧家具的古玩界外围人等，二十世纪九十年代后，哪有拆迁，这些人就去沾活（指到某地等生意）捡漏。宏哥入行极早，1981 年就在宣武公园古玩市场摆地摊，后来也和别人加磅（合伙）下过街，和一帮南城喝街的很熟。我随意走到条案的另一面，隐约案子正面大板上有文字，凑近一看，是双勾文阴刻从左到右四个大字：“金花门楼。”我脑中急闪，这东西跟赛金花的金花班有无关系？这是前门一带出来的，金花班当年就在南城啊。我趁店中没别的客人，随便问了问其他几件东西，最后

清代金花门楼黑漆木条案及木神龛

指了一下这只条案："案子卖多少钱？"宏哥没想到我还要柴木家具，说："你要，三千五。"我对他说："你又跟我打埋伏了吧？"说完掏出钱交给他，直接打电话叫车拉货。宏哥一愣，可能觉得我这次居然不还价，怀疑自己漏掉了什么，但他人品一向不错，从不干"拉抽屉找后账"这类不符合行规的事。他性格开朗，对谁都热情，我跟他混熟了，有时跟他毒舌几句，他一般也不计较，只是有一次把他挤对急了，半夜两点多给我打电话："我今天被你气得失眠了，打个电话，你也别睡了。"

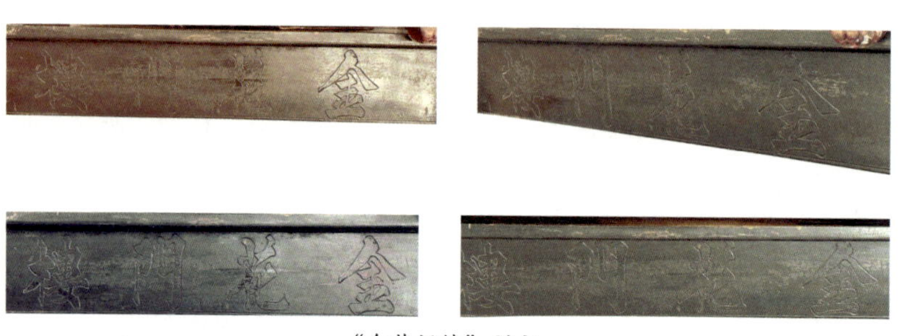

"金花门楼"刻文

说回这只条案。先要提一下赛金花。赛金花原名赵彩云，原籍安徽，家境贫寒，很小就被卖到苏州妓户花船，当了一名清倌人。十五岁时遇到苏州状元之一的洪钧回籍守制，被洪钧纳为妾，成就了一场姻缘。当年正月入室，五月朝廷就委派洪钧为出使西欧四国的全权公使。洪钧夫人不愿远航长居夷地，按照惯例，夫人不随行赴任，就要带姨太太走。外国不比国内，女眷是要出席社交的，洪夫人只好把象征身份的诰命服饰借给随行的彩云。因此在柏林官邸的几年中，彩云随洪钧出席了多次官方社交活动，觐见过德国皇帝威廉二世、皇后奥古斯塔、铁血丞相俾斯麦等。又学习了德语，并短期出访了圣彼得堡和日内瓦等地。洪钧五年出使任满，回国叙职，居住北京。第二年洪钧因地图事件，郁郁而终。

彩云在扶柩回乡途中，离开夫家，取道上海，在二马路租了房子，挂牌书寓，以状元娘子、公使夫人的身份再度下海（为妓）。一时之间车马盈门，生意好得不得了。在苏州，洪钧的一些斯文朋友得知此事后非常愤怒，以状元陆润庠为首，联名寄信上海道，要求取缔“让洪状元亡后绿其身”的彩云堂子（旧称妓院为堂子）。在南方待不下去，彩云于是于1898年北上天津，打算在天津安营立万。清末天津妓院分南班北班，南班叫书寓，北班叫门楼，集中在三不管的侯家后一带。正好一个北班金花班张罗着卖生意，彩云经人介绍，将金花班盘下，以原班名原地营业，自己也改名为赛金花。

清末时期赛金花。2023年2月购于海王村的民国时期剪报

这只条案应该是老金花班的旧物，有着天津式的大而粗犷的风格，被赛金花打包买下来，老金花班的熟客看到这种原名标记的家具，会有一种归属感，自然就成了回头客。1899年赛金花将

金花班搬到北京，先后在高碑胡同和陕西巷挂牌做生意，这只条案应该就是这样随金花班进了京。

1900 年庚子国变，八国联军攻占北京。太后、皇帝西逃，遇到赛金花的德国兵听到她会说德语，还做过中国驻德公使夫人，见过他们的陛下和皇后，讲到柏林风物也丝毫不差，于是带赛金花去见他们长官。有传说赛金花被委派了购买军粮马料的差使，她也借着和德军总司令交流的机会，解救了一些被联军捕捉的中国人。民间还传说，议和时，赛金花说服死于庚子之乱的克林德公使的遗孀，放弃报仇，改为修建东单克林德牌坊，被民间称为“亲善大使，议和大臣赛二爷”。

关于民间传说，齐如山和胡适都认为赛金花与当时的德军统帅瓦德西并无暧昧，因为齐如山在社交场合见到赛金花周围都是德国下级军官，而且赛金花的德语也很初级，不可能结识联军高层，更不要说左右政局了。两宫回銮后，金花班继续在北京南城营业。1903 年，金花班的一个倌人（旧时吴语对妓女的称呼）不堪忍受客人欺凌，愤而自尽，赛金花陷入官司。笔者内人的祖父赵汝澄爷爷告诉过我，当年他的父亲在京城兵马司（相当于今北京市公安局）供职，现在家中还有主管警务的肃亲王给他写的扇面。他父亲亲自带队上门捉拿了赛金花。赛金花拘留牢中时，手下另一个倌人携赛金花的首饰财物，卷包逃跑了。赛金花官司了结之后，已是人财两空，不得已，解散了金花班，回到上海。这只条案应该就是此时从金花班散出的，可是有如此明显妓院标记的家具，一般北京人家会嫌弃忌讳，收用这只条案的多半还是附近的秦楼楚馆。赛金花之后两次嫁人，最后独居北京天桥居

仁里，晚年贫困，1936 年年底去世。

这只条案是榆木黑漆，先阴刻双勾文，后髹上桐油大漆，比一般条案高大，且两头高高拱起，应该是只供案，也叫神案。妓户神案供奉的当然是擂鼓战金山的梁红玉了。我后来买到一个清代描金带斗拱的楠木神龛，就放置在金花门楼神案上，不开妓院，自然是不会供奉梁红玉的，事实上也不拜偶像，只将天地君师亲的文庙木牌位和神农氏、王灵君等木质神像封存于神龛内。金花班榆木大漆的神案，民俗气息浓烈，而洪状元的四色书法四条屏却文人气十足，两者按理说是不可能交织到一块的，却因着赛金花而有了关联。

第十章

清代俏黄皮无事白玉牌

这块玉牌子是从夏侯晓雷先生手里买到的。遗憾的是，这是我从他手中唯一直接购买的一件，不是说没有别的中意的，只因夏侯先生眼界极高，自认一般人不配和他做生意，而在下自问仍然混同一般群众，所以轻易不敢开口。至今还记得第一次走进夏侯先生在琉璃厂海王村前厅的古玩店的情形，我是和张国俊先生一起去的，夏侯先生向我们展示了一把清代腰刀，这腰刀方尾金桃皮鞘，鎏金铜活，鎏金刀挡，十分精美。夏侯先生抽刀出鞘，但见一道寒光，直奔面前铝合金柜台的地脚戳去，刀尖遇到阻力后，整个刀身竟然弯成了一个漂亮的半圆，一回手，“铮”的一声，刀身即刻恢复原状。夏侯的身法、做派，缅钢宝刀惊人的弹展，直到今天还历历在目。只可惜当时被夏侯先生的气派折服，连上手都不敢，更不要说问价了。夏侯先生的父亲原来是北京文物系统的优秀职工，夏侯先生青出于蓝，他做生意的气魄、胆略、技巧在我们看来就是天赋。他最经典的战例，是在二十世纪九十年代中期卖一批东西给一个外国客人，交了定金后，东西正要运走，客户这时认为东西有问题，不值约定价格，提出退货。本着公平互利的原则，夏侯先生沉稳地与对方进行了几轮会谈，最后双方达成协议，东西退货，定金不退，当作赔偿金。这笔定金数目是 40 万美元，当时一件黄花梨家具最低时几千元人民币就能买到，40 万美元可是一笔不小的数目。夏侯先生的这手谈判能耐，在北京古玩界，他

戴手表托腮者是夏侯晓雷

要称第二，没人敢称第一。

做了那么多大生意，按理说夏侯先生应该财富惊人才对，但实际上，他却经常寅吃卯粮，东拆西借，因为他太能花钱。他只要有钱，就像跟钱有仇似的，不花完心里过不去。朋友聚会，无论是吃是玩，一定是他买单，不然就是瞧不起他；吃饭时，连服务员给他点根烟，他都给五十一百的小费。大家都说夏侯先生兜里的钱就像活的一样，自己往外蹦，根本存不下。他没钱的时候，谁的钱都敢借，按他的密友王幼强的话说：连皇帝买马的钱都先用了再说。夏侯先生的父亲喜欢玩盆景，夏侯先生倒是挺孝顺，资助了老父一千多万元买盆栽，在全国展赛中拿过多次冠军。

一次行里的王德才请牌友和同人在琉璃厂阿静烧鹅店吃饭，摆了几大桌。我们桌和夏侯先生桌挨着，席间，他过来敬酒，我一眼看到他脖子上挂了块小玉牌，正面是一整面的洒金黄留皮，错落可爱。我

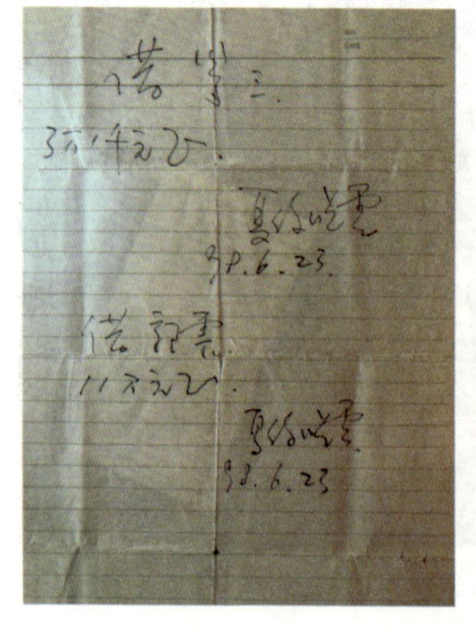

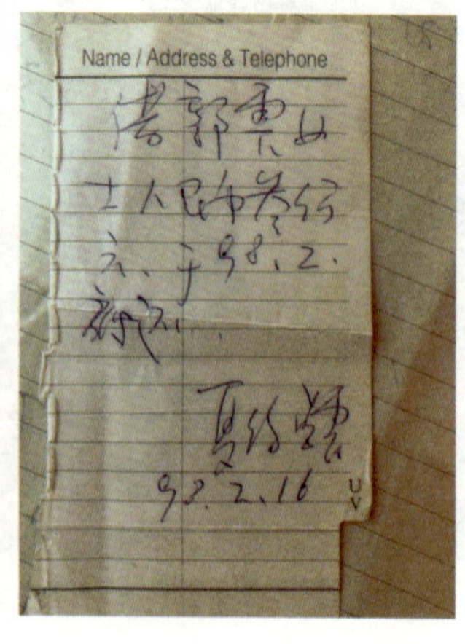

Name / Address & Telephone

夏侯晓雷签字的借条

跟他说："这块小牌子，两万元摘给我。背面不看了。"夏侯先生哪里会看得上这种小生意，随口漫应："喝酒，喝酒。"敬完酒就回到自己座位去了。两周后，延庆的两个朋友给我送货，我买了几件，还有一个山戎文化的绳纹小铜鼎，他们要三万元，我包里只剩一万五千元，全给他们也不干，只好作罢。晚上请他们在琉璃厂三千里朝鲜烤肉店吃饭，那时三千里还是二层小楼，小炭炉铁丝网，味道纯正，只是排烟不好，一屋子烟熏火燎。吃到半途，从烟雾中闪出一人，正是夏侯先生，他也不客套，直接开口："借一万元钱，急用。"我开玩笑说："疥（借）比疮还痒呢，我师傅（教我木器的史志广先生）有话：借媳妇也不能借钱。"夏侯先生看来真着急，一把将脖子上的那块玉牌子揪下来，塞到我手里："押也好，卖也好，一万元。"我先前给他两万元都不卖，现在却又把东西不当东西。后来我才知道，夏侯先生从罗三爷手里借了点钱，这天正好到期付利。我见他真着急，也不好意思"杀年

清代俏黄皮
无事白玉牌

猪”，把那剩下的一万五千元拿出来，告诉他：“就这么多了，你以后要赎，随时找我，不加利息。”夏侯先生凝神看了我一眼，揣钱而去。我明明知道那多出的五千元和他的缘分也到不了天亮，还是都给了他。

回家后细细品味得来的玉牌，这才首次看到玉牌子的背面。不出所料，果然是光素无皮的，要是两面都有玉皮，就要怀疑是否提了油（人工染色）。这块牌子白度够一级，十分素雅，仅上端简单用阴线雕了长勾云纹，正反两面大部分呈素空状态，这种大量留白的玉牌叫作无事牌，寓意平安无事，心境空灵。这块牌子还充分体现了留黄皮的效果，为了做它，玉工将玉皮的那一面磨平，牺牲了部分金黄美色，却也使得整个画面有深有浅，有点有线，有种金屑金丝洒满天的喜庆感；右上角有处小绺，因保留黄皮，此处实在躲不开了，不过上端阴刻毛雕勾云纹，已起到了弱化小绺的效果，倒也无妨，这也应了早年玉匠的俗语：无绺不成工。

玉牌子制作起于明代，最早是男子腰间佩戴的玉制护身符，且放置衣内，是极私密的对象。很多将士上战场会佩戴玉牌，上面多雕诸神庇护、无双谱、得胜令之类题材；后来文人佩戴多了，就雕刻一些隐士山水、花卉仕女之类怡情明志。最有名的玉牌，传说出于万历年间著名玉工陆子岗之手，所以这类玉牌也被叫作子岗牌。但传世有子岗款的玉牌大多是清代作品，而且到现在为止，还没发现一品可以确定为真正的子岗牌。玉牌在千禧年被热炒，现代人不再将玉牌挂在腰间衣内，而是戴在项下胸前，时时露出夸耀于人，颇有些石崇斗富的感觉。如今，一块清代牌子动辄便要价几十万元，而且和田地区政府已经杜绝规模开采，籽玉价格飙升，有原始玉皮的成品更是受到钟爱，玉皮已经成为和田籽玉的身份证书。随着这块玉牌的价格翻升，我也做好了被夏侯先生赎回的准备，但等了几年，并不见他来。后来一个知情者说："夏侯先生虽然到处借债不还，坑了不少人，但都是有的放矢的。他一辈子恩怨分明，凡是他借而不还的债主，都是当初赚过他大钱的同行，他表面大大咧咧，但心思缜密，这招是让这帮人把从他身上得的钱再吐回一些去。你过去又没坑过他，他那么要面子，不可能觍着脸回头赎东西，夏侯先生可丢不起这个人。"

夏侯先生后因资金链断裂，欠下大笔贵宾楼的租金，店被封门，里面货品被拍卖，他本人失踪了十年左右，直到 2010 年左右才出关入世，风格不改。2012 年的一天，我接到行内人王幼强的电话，问："友谊医院有熟人吗？我有个特别重要的朋友得病进了急诊。"我知道强哥是夏侯先生的密友，最近天天在一起，就回答："是夏侯先生病了吧，我告你老马电话，他认识。"后来得知，夏侯先生晚上在歌厅唱歌，忽然脑血管意外，随行的王幼强和邢刚把他就近送到友谊医院急诊，诊断脑血管出血严重，老马托了人，住院做了手术。终是回天乏力，术后几天便驾鹤西归，终年 48 岁。他去世时已身无余财，连住院费都是强哥垫付的。后来和罗三爷等人多次谈到夏侯先生，很多人说夏侯先生命好聚财，只是不惜福，气运消耗太快，古人说有福不可重享，真是金玉良言。罗三爷将两张夏侯先生当年写的借条送给我，嘱托我今后有机会，一定要把夏侯先生的故事写出来。但是夏侯先生人生事迹传奇太多了，我这里描写的一些不过是挂一漏万。

第十一章

辽代北面官蹀躞玉朝带一套

1997 年，我和太太首次去欧洲旅游，仗着年轻能受累，买了两张欧星列车（Eurostar）的全欧火车通票。从德国、英国、法国、比利时、荷兰，一直到意大利，来了一次现订酒店的自由行。到了巴黎后游览了凡尔赛宫、罗浮宫、埃菲尔铁塔，在巴黎圣母院一口气蹬几百层台阶上了钟楼（现在已经失火烧毁了）。我们对巴黎印象非常好，变着法儿地享受生活，也吃到了法国美食，特别推荐法式铁锅红酒焗海虹。海虹在中国属于低档海鲜，上不了正式宴席桌，但法国海虹壳小而黑，肉质鲜嫩，个个带黄，非常美味。我们有一次匆匆忙忙吃快

餐，吃完后赶去景点，走了两个街区，才想起两人都没付餐费，赶忙又走回去付账，总算没给中国人丢脸。只是有一件事不尽如人意，我们穿大街走小巷，绕了几天，也没看见有古玩市场。

过了几年，女儿长大了些，可以带她出门旅行了，我们再一次来到巴黎。这次预先订了民宿（RB&B），也做了功课，查到了一个古玩周末集市。周六我们分头行动，太太带女儿去商场看时装，我独自坐地铁去古玩市场。我们的住处离集市不近，倒了一次地铁又步行了几个街区，才到了皮加勒区（PIGALLE）和巴黎十一区（11Th ARR）交界的周末古玩市场。

集市外围是一个很大的露天跳蚤市场，很多人在卖新的廉价衣服和生活用品，古旧东西很少。走过市场，进入一个不小的棋盘街，街道四周都是小房，里面是固定摊位的古旧品商家。我依次看去，和美国的市场差不多，普货多精品少，其中法式老家具不错，一些古老的硬杂木柜和桌椅都雕刻精美，用浮雕和全立体雕体现人物和动物，大部分都是洛可可风格，和中国宁式家具有得一拼。可惜我是来旅游的，大件东西也带不走，转了两个小时，才买了几张清代广东十三行的通草画和一副象牙益智七巧板。我问卖我七巧板的法国瘦老板，哪里还能买到好一些的中国古玩？他指着房后说："从这里穿出去，往前1000米左右，有一个高架桥，桥下周边周末有一个自发黑市，是不交管理费的，那地方很乱，你要是很勇敢，就去看看，我店里有一些亚洲东西就是在那里买的。"猎奇之心当然有，我毫不迟疑，沿着店主所指的路摸索找过去，半路连问带猜，终于走到了那座高架桥边。

巴黎街头骗术局

桥上高速通行的汽车发出极大的回响，桥洞内黑压压一片。说黑，可不是没亮光的黑，而是黑人、印度人、中东人很多，白人很少，黄皮肤东方人一个没有。摆的摊位，东一个，西一个，随心所欲，没有统一的管理。甚至桥周围辅路旁，也都是星布的摊位。有一个摊位是法国人摆的，居然是一个骗术——三杯押宝局，摊位周围有几个衣冠楚楚的绅士，一看就是托，我偷偷用手机照了他们一张，还好没被发现。我再接再厉，又转到桥下黑处去拍那些售卖摊的众生，刚举起手机，就被远处的一个黑人发现，他挥动手臂说着一种我听不懂的语言（不是法语），作势冲过来，吓得我一溜小跑到路边。一抬头，又发现一个站街女，像是法属阿尔及利亚人的后裔，黑得纯粹，浓妆艳抹，我从没见过她这样脸长得像螃蟹的人。法国人的趣味真是各异，天还没黑，就有人站街等活了。我有心给蟹脸女拍张照片，又怕被撕得面上破相，回去没法交代，只得作罢。转头又见街角有三个人，正鬼鬼祟祟地点现金交易，不知是销赃还是贩卖毒品。国际大城市花都巴黎居然会有这种地方，在二十世纪的光天化日之下，竟然也存在着雨果小说里芳汀拉客的那种法国十九世纪时期的罪恶角落。

再往前走，一边辅路上有一个大的杂货摊，里面新的、老的东西都有，我看见一个带象牙托的磨砂玻璃杯子，象牙上还镶嵌着古老银制族徽，一看就是贵族用品。我问那个看起来很和气的中东摊主，这个杯子多少钱？那个个子不高、长得很帅的男子马上从一个大塑胶袋中掏出一堆用白色软纸包裹的物品，是15件一整套象牙梳妆用品，有香水瓶、衣刷、手镜、夹子，每件上面都镶着族徽，做工很讲究，象牙用料也都是牙尖部分，质地细密，只是有两件开裂了。货主用英语说整套一起卖，要180欧元。我怀疑我听错了，这15件象牙制品，在中国随便哪件也不止这个钱啊，我又确认了一次，心想真不知他从哪弄的，拿象牙当白菜卖。还有一件事很困扰，我就问帅气男摊主，我要带出法国，海关会不会允许象牙制品通过？他说如果到欧美地区，可以国际邮寄，邮局允许1983年以前的象牙制品寄出。我暗自思想，虽然麻烦了些，但有漏还是要捡。我象征性地砍砍价，160欧元买下了这套东西，用软纸包好，重新装进那个塑胶大袋子。走前顺便又问了一下，你手里还有什么中国的古董物件吗？他用英语结结巴巴地表示，他弄到过

十七世纪法国贵族象牙梳妆品

象牙刷上的银族徽

中国瓷瓶和镀金铜器，可早就卖掉了。但他的一个朋友手里有一套东方玉器，我要看的话，明天这个时间，他把朋友带来给我看。我想，中国玉器没什么论套的，不会是印度、尼泊尔一带的大理石制品吧。俗话说，有枣没枣三杆子，先看看再说，于是就和他约好看货时间。我刚离开摊位没走出几步，前方一片喧闹，原来那几个摆三杯猜球赌局的老兄被几个警察薅住了。中国查抄非法摊贩的都是城管，而法国的城管都是正规警察。我手里提着东西，一拧腰钻进旁边小街，走了老半天，才发现自己迷路了，连问带找花了一个小时才返回地铁站。

第二天是周日，我带着钱冒险去赴约。这次很容易找到那个自由集市，帅气男的摊子早已摆开，身旁还站着两个中东人。见我准时到了，帅气男叮嘱旁边的那个年轻人替他照看生意，他带着我和一个中年人走进一条僻静小巷。那个中年男人戴着窄边眼镜，举止优雅，虽

散装的辽代蹀躞玉带板

然穿着一套运动服，但神态像一个大学教授，和当时的市场环境格格不入。帅气男介绍说他就是货主，又对优雅男说了几句我听不懂的中东话，优雅男便不知从身上衣服的什么地方取出一个朴素的硬杂木盒子交给我。我打开一看，居然是有大有小的几十块玉带板，有些入土受了沁，有的入土只有包浆没有色沁。大部分是素面的，有几块边缘雕着放射线条的饕餮纹，为典型的中国中古造型，玉质全是和田籽玉白玉，其中两只铊尾和一枚长圆带饰可以够得上是羊脂白玉，是一眼开门老货。

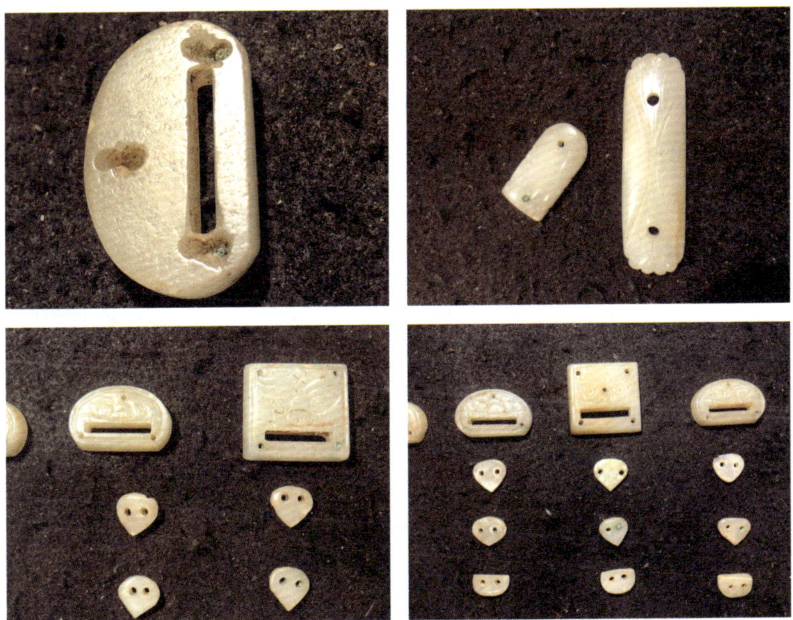

辽代蹀躞玉带板

我竟从未见过这种形制的带板，和唐代、宋代、明代的全不一样。在各博物馆和参考书中也没见过一套这么多块的玉带板。当下很有些担心，怕货主不卖或者开价我买不起，而与这套逸品失之交臂。我低声小心翼翼地问价，那优雅男说的英文很标准，告诉我这一套玉器他需要 2000 美元，不要欧元。我一听，心里的大石头“咣当”一声落了地。我随身携带的欧元不多，但美元还是够的。那帅气男白了优雅货主一眼，好像觉得开价太猛了，担心把买主吓走。我作势和优雅男讲讲价，他干脆地说他只要 1800 美元，但我得另外付给那个摊主 200 美元介绍费。合着还是 2000 美元，一分没少。我怕夜长梦多，赶快分两次将美元掏出数好，不敢一次掏出很多，以防被觊觎又生事端。交了货款后，又付给帅气男 200 美元提成钱。帅气男脸上笑得跟一朵花似的，连声道谢，我乘机询问这套玉带板的来源出处。还没等优雅男说话，帅气男脸上的“花儿”一收，满脸严肃地告诉我，这地方是有游戏规则的，不能问货品的来路。哦，原来跟过去的北京清早鬼市是一个规矩。我告别二位，装好盒子，快步加小跑，沿着来路，一溜烟儿“飞”回地铁站，安全回到住处。

到了住处，先去超市买了面巾软纸，将每一块玉仔细包好，放入原盒，再用皮筋将盒子固定。那些象牙制品也包好，装成包裹请房东寄回美国家中。而这套玉带板，注定要陪同一起欧洲行了。以后的一路景观也失了色，总觉得不如巴黎鬼市一角接地气。

回美国后，我把那套象牙梳妆用具拿给当地一家经营欧洲古董的古玩店老板鉴定。这位衣着鲜艳的法国人给我讲，这实际上有两套族

徽：一套是香水瓶系列，这只象牙夹是夹着绵纸，去蘸瓶中香水，然后擦在身上，用金属夹怕与香水有化学反应，因此很讲究地用了象牙夹，那时候还没发明带喷头的香水瓶；另一套是整理衣服的刷子和手镜，那时贵族的服装很昂贵，洗烫一次价格也不菲，衣服落灰主要靠刷来清理。这两套东西应该一套是丈夫家的，另一套是夫人从娘家带来的嫁妆，制成使用时间大概在十九世纪初。随后店老板戴上眼镜，取过一厚本参考书查阅了十几分钟，然后放下书，摘下眼镜，用绒布擦拭着说："这两个贵族都不出名，整套东西意义就不太大了。"我请他给我写出这两个贵族的姓氏，他说："如果出书面鉴定就要收费了，这套东西不值得的。"又和我谈了几句天气。在我收拾东西，准备离开时，他不经意地说，虽然这些东西不怎么值钱，但要是不贵的话，他愿意收购，接着问我出手价钱是多少。我心里暗笑，水贼过河，别使狗刨（俗语，比喻说话别拐弯抹角），连这种赚货招数也用出来了。古玩行有句行话，叫"业不与谋主，妻不嫁奸夫"。意思是不能将东西卖给那些出计谋，算计你这件东西的人。所以我诚恳地对他说，还没想好卖多少，等想好后第一时间来找他。于是在他失望的眼神下，道谢后推开店门扬长而去。

法国在十八世纪中叶，巴黎的贵族流行使用香水，如果这两组东西是十九世纪初期，那正是法国大革命后，帝制时期和王政时期交替的时候，可能使用这套家什的贵族见过拿破仑皇帝和国王路易十八。也没准使用瓶中香水的女主人在家中沙龙接待过巴尔扎克和雨果。穿梭时空的情景，连想象都让人兴奋。

至于更重要的那套带板，一直找不到归属年代，排列方式也不知道。拍成照片遍问行内大咖，得出的答案五花八门，有说十六国的，有说隋唐的，有说辽金的，最晚的年代是古玩城汤维强先生说的，他认为是元代的。更难的是，总共大大小小 40 块，真不知道怎么穿成一条带。直到在傅忠漠、傅熹年乔梓（父子）的《古玉掇英》里，发现一幅手绘的北周行猎蹀躞带图案，才知道原来这种游牧民族的玉带是可以分支的——平行主干玉带上，有若干垂直下垂的小带，用来挂弓箭囊和皮质荷包（内装火石及行军成药等）。但图中玉板和这套带板形状不尽相同，又未见实物，所以不能断代。2018 年秋季，内蒙古博物馆在北京首都博物馆展出大辽五京、内蒙古出土文物，我当时想，我收藏的辽代金耳珰、玛瑙骨朵和臂鞲，还有一块交颈玉雁应该去找找娘家。于是抽了时间去首都博物馆看展览。出乎意料，在展柜中发现了两条复原穿钉的玉带，一条是辽代南面官玉朝带，与北宋形制相同；另一条是辽代北面官蹀躞玉朝带，居然和我那条来自法国鬼市的

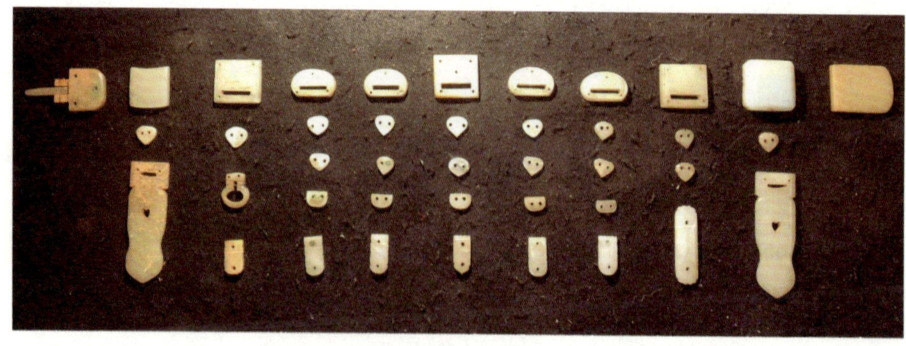

辽代北面官蹀躞玉朝带一套

特别相像，只是展出的是素面玉带，我的銙板很多有纹饰做工。展出的玉带铊尾是铜鎏金的，我的铊尾是镂空玉质的。总算可以确定年代了，也知道在带上如何排列了，照了很多照片，就等着回去组合了。

辽代开国，地域辽阔，将国土分为五道（相当于北宋的路、古罗马的行省），每道的省会城市称为京，计有上京（今内蒙古巴林左旗）、中京（今内蒙古宁城）、东京（今辽宁辽阳）、西京（今山西大同）、南京（今北京市西南）。记得过去到北京延庆淘宝发现过辽代城墙遗址，当地辽代东西不少。辽国统治下有契丹人、奚人、汉人、渤海人、蒙古人和女真人等。统治阶级当然是契丹人，但是奚族一直是契丹的铁杆同盟，所有的契丹皇后都是来自奚族的萧姓，因此所有的辽代皇后、太后都姓萧。而汉人数量在辽国领地非常之多，所以辽国的治国方略是“一国两制”。官吏分成北面官和南面官，统治北方民族的北面官按契丹行政制度管理，而统治汉族民众的南面官按北宋行政制度管理。所以朝堂之上，逢有庆典，左右两侧官吏，一侧是系着蹀躞朝带的北面官，另一侧是系着宋形制玉带的南面官。南面官里不单是汉人，也有契丹人和奚人。

辽代末期，受汉文化影响愈重，当南面官的汉人越来越多，连丞相都由汉人担任。但这些汉官虽历经几代人，却依然对辽政权没有归属感，在天庆末年就出现了以刘宗吉为首的降宋派和以左启弓为首的降金派。

大辽最后一个皇帝天祚帝是典型的末代昏君，流连于宴舞之中，钟情于春水秋山，四时捺钵（捺钵契丹语，意为辽主的行营、行帐，外形像倒扣的钵碗），曾游猎到女真人领地，索取捕雁神鹰海东青，甚至要求首领完颜阿骨打亲自跳舞以嬉，生生把阿骨打逼反了。天祚帝的下场很惨，他后来一再败于女真人的金朝，最终死于非命。

辽危难之时，出了一位英雄耶律大石，当时北宋会盟金国，南北夹击残辽，耶律大石会同奚族大王萧干，领兵一举击溃由童贯统率的北宋最精锐的国防西军。当时西军的统领是大宋名将种师道、种师中、杨可世和王禀。后耶律大石在和金军主力决战时失利，但保存了精锐部队，决定西移重开局面，但奚族首领萧干留恋故土，不愿西迁，契丹与奚族正式分流。后萧干在与金兵的游击战中兵败身亡。耶律大石率部在今天的新疆和中亚，重新建立了辽政权，史称西辽，国享 94 年，之后为蒙古铁骑所灭。西辽灭亡后，契丹首领波剌黑率部西行，在波斯的克尔曼建立了起儿漫王朝，史称后西辽，国享 82 年，在 1306 年，被伊尔汗国兼并。我严重怀疑这套带板曾跟随契丹人一直往西迁移，最后在中亚或波斯某地被随契丹某贵人埋入墓内，经过几百年后重见天日，被中东人带到欧洲。真相如何，不得而知。但看来这些中东人未见得知道这套带板的源远流长以及价值，否则无论卖到欧洲哪个收藏东方文物的大博物馆，人家也是愿意接受的。

辽代在建国前基本没有制作玉器，建国以后是制玉鼎盛时期，出土的各种玉器应该都是繁荣社会的标志物。在末期已经极少有制玉了，我有一枚辽交颈雁玉带饰背后有汉字“二上”两字，可能制玉工匠全是汉人，当契丹一部西迁时，后勤的外族人基本上是不被允许同行的，从而导致西辽与后西辽基本没有什么玉器制作。

我按照内蒙古博物馆的那套复原件，也把自己的带板排列了一下。因为只有一块饕餮纹方板中间有一孔，可能镶过宝石，所以把这块安排在正中，那两枚铊尾因为照相只能紧挨着其他竖条带板，其实应该向两边拉开距离，以保证系腰时，铊尾位置在背后，这样从后面观望，腰上向下展出两支小翅，很好看，另外也达到了整体平衡配重的目的，不然玉带重心全在前面，前带部分会向小腹下坠。有一块带板很奇怪，呈椭圆半球状，与其他部件明显不同，是个另类，看形状是一枚马带上的玉板。可能在西域时，这套贵族玉带有一件玉銙损坏了，当地虽有玉料但没有巧手工匠，所以找了块马带上的玉板代替。因为和其他玉板格格不入，难成一体，我用一块过去收藏的方形白玛瑙辽带板来代替。远看还行，近看露馅。各位同好如果有类似原銙单块玉板的，恳请割爱价让。

唐契丹时的蹀躞带原是在马上使用的猎装皮带，垂直小带分布两侧，为了系短兵、弓箭和皮包，是实用性物品。契丹建立辽国后，贵族步行、坐车轿时多，骑马时少，朝带上玉饰集中在前腹部，看起来美观，但不能骑马，否则玉带会挤压在马鞍前桥上。所以这种马下玉装蹀躞朝带是契丹贵族腐化的象征。今天古玩市场上，单块的辽玉带板经常可见，且素的居多，这种带工成套的就不多见了。总的来说，遇到了就算是捡漏。这种漏是属于十年一遇的，遇到了还得正好有知识储备和银钱支付。我曾经兴奋地将这件事告诉外祖父，他老人家只送了我一句《朱子治家格言》中的金句：得意不宜再往。

也是，如果总是想捡漏，早晚会被造假者把你当漏捡了。

第十二章

宋代大型目线纹钉金沁白玉琮

千禧年刚刚到来，古玩市场上玉器价格已经开始上扬，因此个人收购玉器方针只好跟着改变。以前只要是老的，价格不离谱，就可以考虑，因为当时价格便宜，知道以后一定会普遍增值，先收入囊中，以后再细细分类，去粗取精，反正就是涨十倍还是涨两倍的事。但随着古玉价格的升值，入手就要慎重了。一是要挑精品，用岳彬的话说是找“稀有中的奇特”；二是要控制购价，既不能贪便宜，又不能被敲竹杠，要用一流的价钱购买超一流的东西，也就是有巨大潜在升值空间的东西；三是要躲开仿品，过去鉴定仿品，只是把精力集中在清

末民初提油（人工染色）仿前代玉器上，因为现代绝大多数的仿品都幼稚可笑，用料、做工与形制无一可取，因为有成本制约着呢。但玉器，特别是精品玉器价格抬升后，古玉仿制就出了不计成本的高仿，有的制玉高手一年只做几件籽玉高仿的活计，放低砣具转速，仿古法用游离砂。造沁工程也有了很大的提高。所以这时的古玉鉴定，是考验收藏者的，在这期间，会淘汰一大批收藏者和从业者。

马明先生告诉我，有一枚大玉琮从南方到了北京，要不要看看。马明先生在业内为人极好，是葛优说的那种“抖机灵还特仁义”的北京人。他认识深圳古玩城的区其本，区其本的老板就是卓玉馆的卓少东，在南方，曾给马明先生看过一个大玉琮，只是价钱没谈好，这次区先生携带包括玉琮在内的一批古玉到北京，请诸位同好欣赏购买。我和马明先生到了东三环一家大酒店，见到一个很高很瘦的广东人，马明先生介绍是区先生。区先生略做寒暄，打开行李箱，拿出二十来件玉器，看来卓玉馆要出些货了。展开的玉器大多是明清疙瘩件，大件是一个青玉壶和这只琮，马明先生确实眼力好，那玉琮在区先生的古玉器中有鹤立鸡群的感觉。玉琮形体硕大，有瘦人四只拳头合起来的体积，难得的是和田白玉加入骨土沁，让人有一见钟情的感觉。区先生一口咬定十万元，说上次开价十二万元，这次给你们送到北京了，货到地头死，少两万元应该，再少就没法给老板交账了。我和马明先生提出这件玉琮虽然样式古制，但不是汉代本年的，是后代仿制的，可不能当高古玉器买卖。最后我出价九万元，区先生到卫生间给老板打电话，出来后说：“和你第一次做生意，凑不成整数，老板就不

宋代大型目线纹钉金沁白玉琮

计较了。”我当时身上只有几百元饭钱，马明先生替我交了一万元现金当定金，约好下午交钱取货。

出得门来，我对马明先生说：“非但这一万元我要奉欠，余下的八万元，你也要替我想辙，我把钱从美国汇来，可能需要一个礼拜。”马明先生慨然允诺。中午他取了现款，我们下午在琉璃厂会齐，正准备去取货时，著名演员王铁成先生带着一个李姓企业家，来琉璃厂文化街转转，得知有南方古玉来京，也要去观摩一番。一行人来到酒店区先生的房间，马明先生将余下八万元现金交付。铁成先生对那件青玉壶有些喜爱，问价十一万元，我认为这壶虽是清代的，但造型做工只是一般民间工艺，和御用大件玉器不沾边，要价还是贵了。我和铁成先生对视一眼，接着把眼睛闭一下，这是行内暗号，表示不要，但铁成先生不是专业行内人，有点茫然。我只能伸手接过玉壶，转圈看了一会儿，没递回给他，反手放回到古玉堆里。这下铁成先生明白了，不再看这一件了。在这些古玉中，有一件清中期厚玉牌还是有些出彩，白玉籽料，细雕婴戏图。我介绍给铁成先生，但他当时没有太大兴趣，与他同来的李老板看出些棱缝，抓住玉牌不撒手，我和马明先生帮他砍价，最后以四万多元成交。最有意思的是我们告别区先生，离开酒店，分道回家时，李老板居然递给我和马兄五十元钱，以感谢我们帮助，让我们打车回家。我和马明先生相视而笑，真当我们是古玩掮客或者要饭的了。

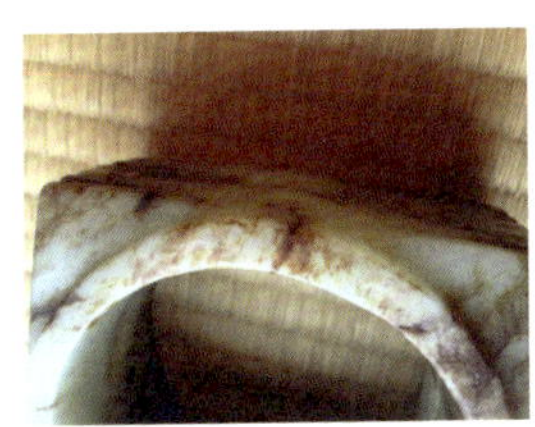

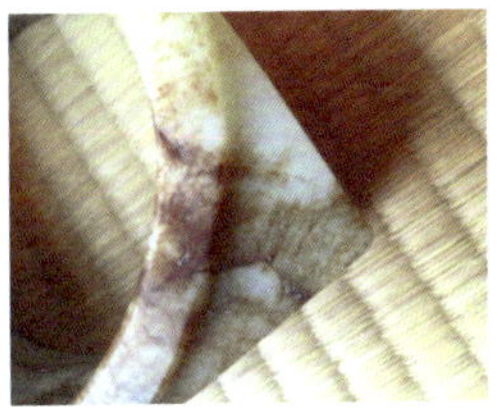

宋代大型目线纹钉金沁白玉琮

等从美国把钱转来，马明先生只收本金，一分钱利息也不要，做人极为厚道。这块玉形体硕大，白玉本质，雕工是由良渚文化的神面而来的简化的神眼加横线，玉材工迹绝对不是良渚时期，汉及魏晋也到不了，最大可能是宋代或者明代的。因为这两朝都是汉族皇朝，受本土道教文化的影响大，而两朝皇帝都迷恋道术，宋徽宗号称道德真君，明朝嘉靖皇帝、万历皇帝在宫中炼丹，对古法祭祀的黄琮礼地想必是看重的，而两者之间，我认为宋制可能性更大，因为宋朝是中国历史上版图很小的一个朝代。北宋时，河北和山西被大辽占领，甘肃和陕西部分被西夏占领，东北有女真，北方有蒙古，还不说吐蕃与回鹘。宋朝对新疆玉石产地是没有控制权的，玉石输入只靠北宋早期于阗国的进贡及少量民间贸易，玉石丝路在宋时已经式微，比不了唐代的繁荣时期。南宋更是偏安于江南一隅。宋代用玉虽无明文法律规定，但全部集中在帝王和贵族手中，因为原料稀缺，所以成品昂贵。描写宋人玉匠的宋话本《碾玉观音》（又名《错斩崔宁》）就表现了因玉料难得，众玉匠会诊提出创作方案。所以宋玉数量少而制作精良，不像明代玉祭器，以大、粗糙而闻名。所以这件玉琮从用料到做工，属于高成本制作，符合宋代遵古方正理学思想。从另一个角度看，这件玉器曾经入土，遍身布有褐黄色土沁，最珍贵的是有大片钉金沁存在。钉金沁是土壤中金属元素，以某些氧化物质形式，对玉质中的柔弱部分的置换侵蚀，所以凡形成钉金泌的玉质全部凹下。至今为止，没有现代仿手成功伪造出钉金沁，有些高手用木屑伴强酸洒在玉件表面，侵蚀了凹陷后再加色做旧。但明眼人一眼就看出不对，因为钉金沁是天选部位，哪里比重低点则沁在哪，作伪是人选，只找不完美的地方下手遮丑。所以钉金沁到今天还是古玉鉴定的一个保障。这件玉琮钉金沁形成极自然，伴随大片较浅的土沁，侵蚀过程一目了然，明代玉器因年代问题，很少能形成钉金沁，就是形成了也很表浅。

一年后，我作为董事加盟了中信疫苗公司，与同学好友，也是公司副总杨京力一起去广州、深圳及长沙检查当地公司运作。在深圳时，有半天空闲时间，独自去了趟卓玉馆，区其本先生正好在，带我参观了一番，并拿出可出让的玉器供选。东西全是真货，但这次本没打算吃进玉器，区先生见我没有什么感兴趣的，回密室捧出一对玉镶片，真让我肾上腺素加大分泌。这对玉片长有二十多厘米，镂空云螭纹，造型古朴，满褐色沁，带十分之一部分灰白玉开窗，一眼开门的西汉制作，最可贵的，我能认出是随葬玉匣（金缕玉衣）中的玉枕镶片。玉枕实际上是铜鎏金制作加镶几块玉，这两块是镶在玉枕前后的最大两块。我忙问价钱，答刚入手还没问老板，估计二十几万元。当然不算贵，这对比中山靖王刘胜枕上的要高一个档次，起码是一字王的（如汉代吴王，楚王等），弄不好是皇帝的。我当时也没钱，用公司的钱违法违纪。还是请区先生像上次一样带到北京，我调钱给他，价格好商量。区先生答应了，说过一段正好要参加北京古玩城的一个展会，卓玉馆包了一个大厅，顺便带过去。等我转完南方回到北京，正巧区先生带队来古玩城布展，我和马明兄赶紧到了北京古玩城A座，见到区先生，先问汉玉片，回答："已经高价出让，老板做主，没办法保留。"见我很沮丧，区先生打折卖我一件明代仿汉玉觞杯，一万元。我只好安慰自己，就我一个普通人，凭什么拥有汉代皇家重器，买到了也压不住啊。

又过了几年，区先生带了一位姓朱的安徽芜湖地产商来北京，找到我说，朱总酷爱古玉，已经开始收藏多件，所以介绍那块大玉琮，看能不能加些钱转让给他。我笑着说，你们卓玉馆有的是精品，多让几件给朱总吧，就别惦记我这块了。

第十三章

明袁崇焕手书横幅

2000年夏季的一天中午，在南新华街上，我和几位同行找地方吃午饭，正巧师哥吴锦荣一个人也在找饭辙。我说:“一起来吧，我请你喝酒。”吴师哥人称京城醉吴，一直好酒，后来因为心脏病，酒喝得少了，但仍有七八两的量，有人陪着喝几杯自然不会拒绝。我们几个人走上青岛市驻京办开设的酒楼“青岛渔家宴”的二楼，弄了几个海鲜，要了两瓶白酒，喝将起来。我与烟酒无缘，小时喝一小勺米酒都醉过，长大喝半杯啤酒也醉过，所以不能陪他们享受。吴师哥酒过半斤，话也多了些，行里老人最爱拍老腔，但吴师哥说的是新情况，

他说刚出了一个硬木框子，里面是名人手迹，自己看过觉得是袁崇焕的。我心里暗笑，谁也没见过袁崇焕的真迹，您又不是专攻书画的，凭什么断定就是他的呢。吴师哥见我口中诺诺，表情不以为意，慨然说：“你想不想要，不贵，四千元，你想要的话，吃完饭我带你去。”我暗想，他是不是喝高了，可我从没见他醉过呀！有枣没枣先打上三竿子再说吧。

吃罢一结账，四五个人才花了两三百元。当时物价还不算高，我们两人，他酒足，我饭饱，下楼直奔东琉璃厂。他带我一直走到头，才走到那间小古玩铺门前，路上吴师哥告诉我，店主姓李，原来是下街的，后挣了钱，开了这个古玩小店。北京行话“下街”是指古玩行走街串巷收货的，这行在清末民初叫“打鼓的”。过去打鼓的分两种，一种叫打大鼓的，也叫打疲鼓的，用一只像货郎用的手鼓，拎着个麻袋，收旧衣服、旧家具等日常用品，有时也收购旧书旧报纸，太破烂的东西不收。另有一些贫困老人，批发一些红头火柴（不是安全黑头火柴）和肥得籽（一种天然肥皂），喊着“换取灯儿、换大肥得籽啦”。走胡同大杂院，换些空酒瓶、旧报纸、碎铜铁瓷器。那时北京的火柴公司都按成本给每个换废品的老人每天四百匣红头火柴，也算是积德做好事吧。

另有一种打鼓的就不一样了，叫打小鼓的，也叫打硬鼓的。这种人是古玩行的外围，具有一定鉴别专业知识，穿戴也不寒碜，头戴帽头，穿长衫。也不手提布袋，而是怀里揣上几个包袱皮，腰里钞票银圆也带着，打的小鼓只有银圆那么大，猪皮鼓面绷得极紧，用食指或小木棍弹出的音能传得很远。他们不走杂院小户，专挑大宅大院巡游。清末民初时，很多满族旗人大户没了铁杆庄稼，又最要脸面，不愿舍下脸皮到古玩铺卖东西，就便宜了串胡同打小鼓的，值十文的一文、两文就卖了。

中华人民共和国成立后“打鼓”这一行在北京消寂了几十年，改革开放初又兴旺了起来。先是一伙外地人走街串巷收购劳力士手表，接着是三河市农民进北京购买硬木家具，后来北京当地居民也下街收购古玩了。这位李先生经过多年的磨炼，已经在琉璃厂开了一间古玩铺。

这间店窄而长，老李和他太太搬来一张铁力木镶玻璃的框子，像是清末民国做工，里面裱着一张横幅，上面四字行书“飞云春晓”。字写得极佳，无上下款，只有三方印章，早已氧化成暗赤色，图章字迹不辨。老李说从户里掏来，卖主说是老辈传下来的袁崇焕真迹，我们也没太研究。我翻来看去，东西一定是老的，不是后仿的，是谁写的不好说，我说既然您已定价4000元，我拿回去看看，如果想要，

明袁崇焕手书横幅

横幅右下角印章

就给您送钱来。老李不由得一愣，吴师哥说，让小周拿走，没事，我担保，老李点了点头。

我告别吴师哥，将木框举回海王村，找几个做书画生意的朋友帮我看看。戴勇先生说，这幅字是谁的不好说，但一定是老的，你看字的架构，纸绢的包浆，还有墨迹中的反铅白斑点都一点问题没有。他还让他太太和弟弟来学习一下，说这才是老字呢。

另一位朋友张清看过后不说话，拿出一个大的放大镜，仔细考察那几方印章，引首印实在看不清楚，他主要看那枚落款印章，看了半天，对我说："这枚印章四周盘着避邪兽，中间是白文四个字，右第一字为'臣'字，第二字为'袁'字，第三、第四字不太好说。"我喜出望外，抢过放大镜，在灯下看来，果然像张清所说，外周是兽形，里面的字是白文，难怪我怎么当朱文看也看不出模样来。白文小篆第一字，确是"臣"字，第二字是"袁"字，第三字赫然是个"崇"

袁崇焕手书横幅上的印章“臣袁崇焕”

字，第四字是火字边，不太好认，查了查四体书法字典，哈哈！居然正是“焕”字，四字连读“臣袁崇焕”。

大喜过望之下，我揣上4000元钱，就往东琉璃厂跑，想早给人结了账，早点踏实。一进门，没看见老李，李太太在盯店，我连忙掏出4000元，递上去，说：“那幅字我要了，这是4000元。”李太太见我跑得脸红脖子粗，头上汗珠直掉，来去时间又这么短，立刻意识到一个关键词——“卖漏了”。李太太定下心不接我递过的钱，大声说：“我们可没说4000元就卖呀！”我就像耳边响了个炸雷，眼前火蛇齐舞，我忙说：“我走时不是说我如果要就送4000元来吗？”李太太提高一个调门："那是你说，可不是我们说的。"我可真麻了爪了，只能央求李太太："能不能找您先生来，说说这事。"李太太说他当家的睡午觉呢。我左求右求，李太太才将李先生从里屋叫起来。李先生好觉被搅，不太乐意，喝了几口浓茶，清醒了一下，弄清事情后，慢慢道来："这块匾我弄来后，吴先生问价，我是说 4000 元，可那是给吴先生，给别人我可没说价。"我争辩道："我师哥带我来，确是告我这幅字卖 4000 元，有我师哥在中间，我也不敢讲价啊。"老李笑笑道："我卖吴先生 4000 元，别人应该高。"我说："那我打电话，让我师哥过来？"老李摇摇手："用不着，吴先生一直对我不错，你是他师弟，我也给你算这么多吧。"李太太还想争论，老李又摇摇手，说："算了，就这样吧。"我千恩万谢地奉上 4000 元钱，擦一把汗，坐在店里听老李讲了半个钟头的光荣历史，感恩而去。之后我又到老李店找补了两次，买了些可要可不要的东西，意图报答他的好意。

袁崇焕的故事估计大家已经耳熟能详了。他以一介书生典兵，成为晚明时期的一代名将，功绩不在李成梁、戚继光之下，比当时的名将左良玉、秦良玉、周遇吉都高上一筹。在宁远保卫战中，面对清太祖努尔哈赤的八旗劲族，袁崇焕首创将红衣大炮在城楼安放，作为守城利器，重创清兵。有些文献记载，清太祖努尔哈赤因中炮伤眼，在退兵后，伤重身亡于归途。清太宗皇太极即位后，整兵征服朝鲜后又再取宁远，被袁崇焕再次击败。

对当时的明朝来讲，袁崇焕是真正的军中长城，为朝廷护卫北方。但不幸的是明思宗崇祯皇帝的智商比大清皇太极少了一个零，情商和皇太极相比基本上可以忽略不计。另一件不幸的事，是袁崇焕过于专断自信，他未曾奉旨，就杀掉了和自己相同品级的大将毛文龙，让崇祯猜疑不已。后来皇太极绕过宁远，取道他途奔袭北京，挂兵部尚书衔的袁崇焕连夜驰援勤王，带领明代最精锐的骑兵——关宁铁骑在北京城外两次战退清朝大军。关宁铁骑的前身是大将李成梁的辽东铁骑，人数不过一万，但人马都是千挑万选。除常规武器外，每人还有一只精铁打造的三眼火铳，可以在不重填火药的情况下连放三枪，放完后火铳还能当铁棍用，在马上十分得力。在万历三大征的万历朝鲜战事中，李成梁的长公子李如松率辽东铁骑横扫日寇。

到了崇祯年间，袁崇焕率关宁铁骑在保卫北京之战中，也发挥得十分出色。皇太极熟读三国演义，照群英会的“方”，抓了一服“药”。在捕获的两个太监面前，透露出与袁崇焕勾结，里应外合打开北京的事宜，随后任两名太监逃脱。崇祯皇帝本来就是个疑心极重的人，找个借口将袁崇焕骗进西苑平台（今中南海），拿入北镇抚司（今人民大会堂所在地）。拿问袁崇焕后，皇太极在城南永定门发起总攻，明兵大败，以满桂为首的四大总兵，两名被俘，两名阵亡，看来光有好兵，没有好的统帅也不行。

皇太极退兵后，崇祯 3543 刀凌迟袁崇焕于菜市口，北京居民不明真相，真以为袁崇焕通敌，争相观看。此案成为明代第一大冤案（比于谦受斩还要冤）。

崇祯一朝，名将能臣极多，但他作为皇帝却太多疑，杀熊廷弼，杀袁崇焕，杀陈新甲，杀熊文灿，逼杨嗣昌自尽，逼反洪承畴，可谓杀大臣如诛贼寇。崇祯国破在景山上吊时留遗言道：朕不是亡国之君，臣都是亡国之臣。真是到死都不悔啊！这句话倒过来说，看来更符合事实。

袁崇焕的大字真迹以前未见报道，看这一幅“飞云春晓”四字写得灵动飘逸，正是我国书法至高时期的表现。国外学者研究我国书法，认为秦汉之前的书法以隶书为主，力求稳重，直到两晋以三王为代表的书法才开始惊世。随着时代的变化，中国书法一直在提高，到明末达到最高峰，到清代，反而渐渐退步了。

从这幅作品无落款笔迹，而且印章用的是臣字款，说明是一幅上呈的墨宝。也许是崇祯第一次西苑平台召见，所应答称旨，决定重用守边，故命题一西苑景致令袁崇焕书写呈上。随后制成匾于亭台楼阁上，袁崇焕一定受宠若惊，精心写成，挑一最佳者上呈。当袁崇焕问罪受死后，民间藏有袁崇焕手迹的人士，会以最快速度焚烧手迹，以示并非袁党，而宫廷只需将亭台楼阁上的匾额撤换，将袁崇焕的手迹封存，所以得以保全。

最后提一件趣事，“中华民国”五年（1916），大总统袁世凯要登基做皇帝，派人散布流言说袁世凯乃大明袁崇焕的后代玄孙，为祖先报仇，所以取代清朝以继帝位，对此，仁人志士无不耻笑。

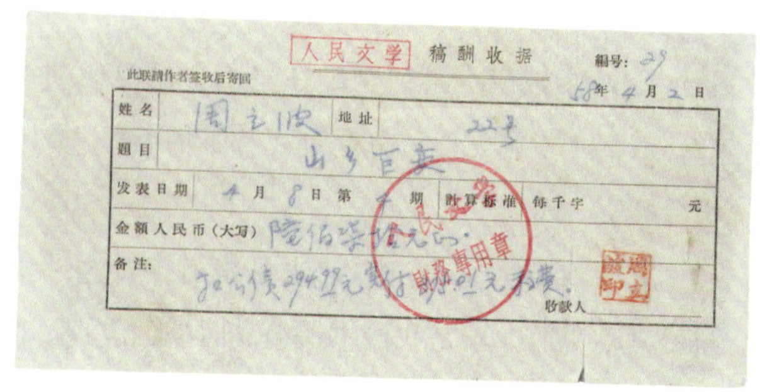

人民文学　稿酬收据　编号：29

此联请作者签收后寄回　58年4月2日

姓名	周立波	地址	
题目	山乡巨变		
发表日期	4月8日第4期	计算标准	每千字　元
金额人民币（大写）			
备注：			

收款人

财务专用章

第十四章

先祖父签收之《人民文学》稿酬单

2001年夏季，我到北京琉璃厂闲行看书，我的一个在琉璃厂开店的朋友张维书兴冲冲地对我说："你爷爷签名的单据，正好有人和我兜售，你如想要，就快进来看，人还没走。"张维书开的店，专门经营红色文物。这类东西本小利大，而且上涨空间巨大。维书兄经营有方，客户多是海外中国红色文物的大藏家和大经销商。我一直不收藏这类东西，只是收集一些名人信札和签名，有时维书兄替我找一些来。维书兄的口头禅是："我卖的就是贵，可我卖的就是真，假的不单退货，连飞机票都报销。"但他也丢过"漏"，有一份毛泽东毛笔信

札，还带信封，他才卖了两三万元人民币，人家一倒手，卖了10多万美元。

我随维书兄走进店里，有一青年汉子起身相迎。维书兄说："货就是他拿来的，你们谈谈吧。"那人从书包里提出一个硬皮夹子，里面满是《人民文学》1957年至1958年的稿费收据，有100多张，全部是经作者签字或盖章的存联，其中有很多当时的有名作家。我粗粗地翻了翻，有茅盾、夏衍、臧克家、袁水拍、艾芜、严文井、郭沫若、老舍、谢冰心、巴人、张光年、肖三、戈宝权、周而复、李健吾、吴冠中、刘白羽……其中有三张是先祖父周立波签收的。我问他来源，他说是《人民文学》杂志社把以前留档的东西当废纸卖了，他从收废纸的人手里买过来的。我问他，这三张周立波的卖多少钱？他说："我不单卖，要卖一起卖。"又好奇地问我："周立波的不是最贵的，郭沫若、吴冠中的更值钱，你为什么单要周立波的？"我当然不能告诉他为什么，否则他要价就该狮子大开口了。我只能问他："全要的话，你要卖多少钱？"他开价5000元。我认为太贵，经维书兄两方说和，最后以2000千多元成交。卖主不过是废纸堆里捡出，意外地得了2000多元，也就心满意足地走了。我对维书兄不无遗憾地说：可惜我爷爷的这三张都是盖单，没有签名。维书兄像变戏法一样又变出一张收据，是1958年《人民文学》连载爷爷《山乡巨变》的稿酬。上面有爷爷的签名。我问他怎么弄来的，他说是给卖主介绍生意，向他要的回扣。我请维书兄把这张收据卖给我，维书兄不好意思出售朋友先人的故迹，就将这张珍品送给了我。为了感谢他，我请他和几位朋友到新桥饭店吃了一次有大虾排的自助餐。

我现在有了爷爷的四张稿酬收据。其中三张分别是《人民文学》1958年的2月8日第2期、4月8日第4期和5月8日第5期，都是连载《山乡巨变》的稿酬收据，分别为730元、670元、540.95元。在第2期的收据备注一栏注明：扣公债700元，实付稿费30元，公债见另外收据。在第4期的备注一栏注明：扣公债294.99元，实付375.01元稿费。还有一张较小的收据，是发表在《人民文学》1958年第10期的短文《徐水归来》，只有750字。

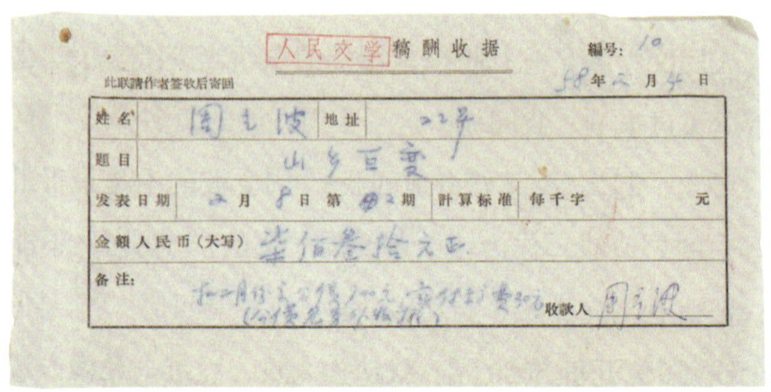

人民文学 稿酬收据　　編号：10

此联請作者签收后寄回　　58年2月4日

姓名	周立波	地址	22号		
題目	山乡巨变				
发表日期	2月8日第2期	計算标准	每千字		元
金額人民币（大写）	柒佰叁拾元正				
备注：	[illegible]		收款人	周立波	

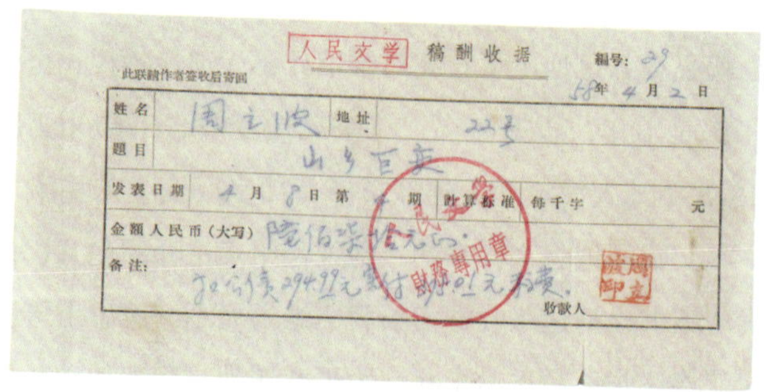

人民文学 稿酬收据　　編号：29

此联請作者签收后寄回　　58年4月2日

姓名	周立波	地址	22号		
題目	山乡巨变				
发表日期	4月8日第4期	計算标准	每千字		元
金額人民币（大写）	陆佰柒拾元正				
备注：	扣公债294.99元实付375.01元稿费		收款人		

财务专用章　周立波印

周立波签收的稿酬单

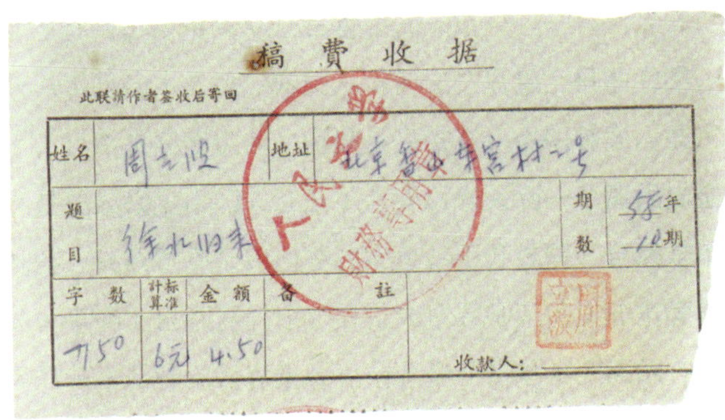
稿費收据

此联請作者簽收后寄回

姓名	周立波	地址			
題目				期數	58年 10期
字數	計算標準	金額	備註		
750	6元	4.50		收款人：	

周立波印收的稿酬单

1958年物价低廉，大对虾0.27元一斤，爷爷一期的稿费730元，当时可以买2700斤优质大对虾。50年后的今天，品质已逊的大对虾要500多元一斤，如想买2700斤对虾，大概需要135万元。

在1958年第5期中，给爷爷稿酬计算标准为每千字17元，而当时给作者的稿酬一般为每千字13元，但也有一些例外。1957年第30期给老舍先生的《新的文学传论》为每千字18元；1957年第7期，给茅盾先生的《必须加强》为每千字18元；1958年给袁水拍先生的《写中国作风，中国所派的诗》为每千字20元；1957年第30期给郭沫若先生的《向苏联文学看齐》为每千字18元。

爷爷在收据上用过两枚印章，其中一枚，被长辈从旧存中检出。

爷爷在1958年《人民文学》连载的《山乡巨变》是描写农业合作化的，当时反响很好。上海人民美术出版社在1961年出版了贺友直先生画的《山乡巨变》连环画，被评为新中国连环画的状元。如今

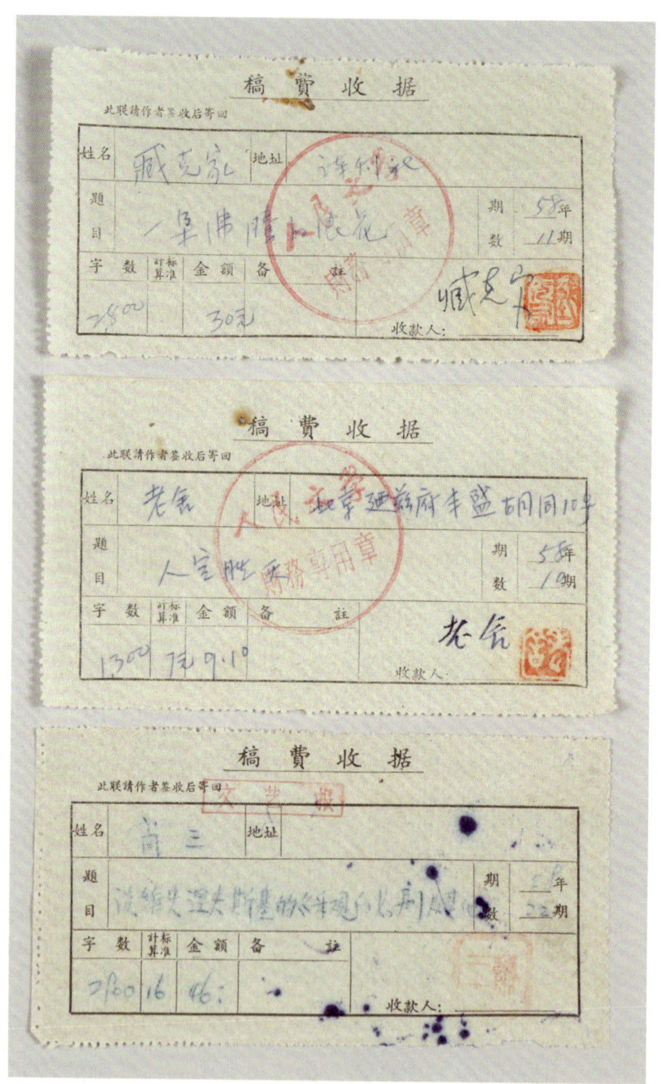

稿費收据

此联請作者签收后寄回

姓名 地址

題目 期数 年 期

字数 計标算准 金額 备註

收款人：

稿費收据

此联請作者签收后寄回

姓名 地址

題目 期数 年 期

字数 計标算准 金額 备註

收款人：

稿費收据

此联請作者签收后寄回

姓名 地址

題目 期数 年 期

字数 計标算准 金額 备註

收款人：

《人民文学》稿酬单

人民文学 稿酬收据 编号：4

此联請作者签收后寄回 58年2月4日

姓名	艾芜	地址	
题目	浑河大渠		
发表日期	2月8日 第2期	計算标准	每千字 元
金额人民币（大写）	贰佰元正		
备注：		收款人	艾芜

人民文学 财务专用章

文藝報 稿酬收据 编号：

此联請作者签收后寄回 1957年11月4日

姓名	郭沫若	地址	西四大院胡同5号
题目	向苏联文学看齐		
发表日期	11月3日 第30期	計算标准	每千字 18.- 元
金额人民币（大写）	[illegible]		
备注：		收款人	

人民文学 稿酬收据 编号：3

此联請作者签收后寄回 58年2月4日

姓名	夏衍	地址	
题目	治右倾病的药方		
发表日期	2月8日 第2期	計算标准	每千字 元
金额人民币（大写）	[illegible]		
备注：		收款人	夏衍

《人民文学》稿酬单

《人民文学》稿酬单

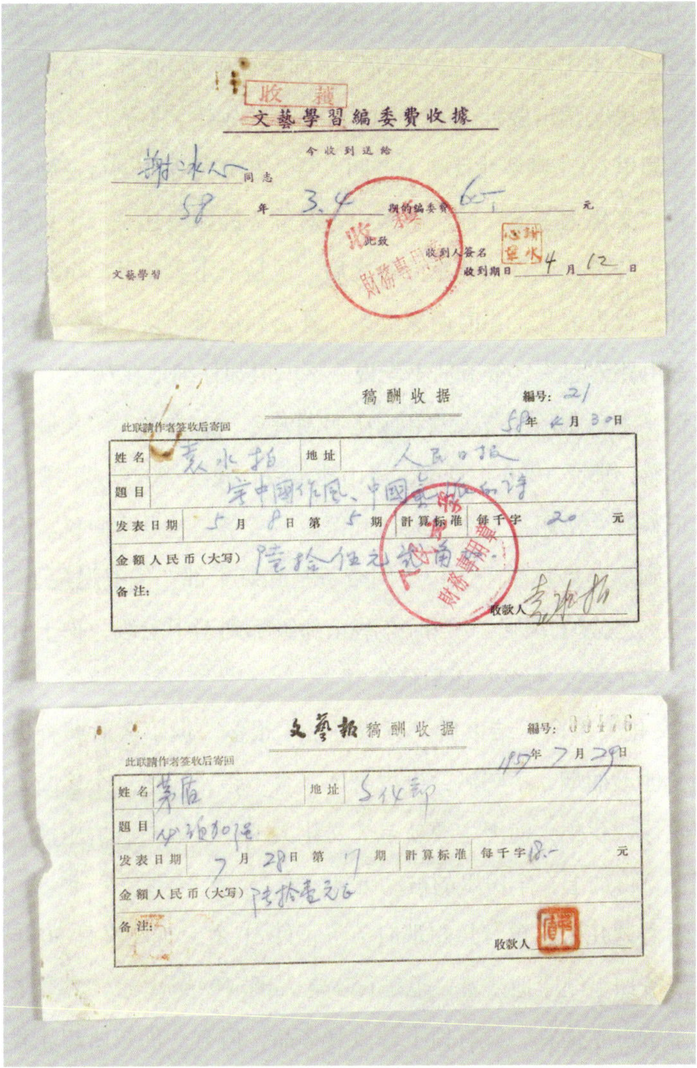

收據

文藝學習編委費收據

今收到送給

謝冰心 同志

58 年 3.4 期的編委費 60 元

此致

收到人簽名

文藝學習 收到日期 4 月 12 日

稿酬收据 编号：21

此联請作者签收后寄回 58年6月30日

姓名	袁水拍	地址	人民日报
题目	[illegible]		
发表日期	5月8日第5期	計算标准	每千字 20 元
金额人民币（大写）	陸拾伍元玖角		
备注：		收款人	袁水拍

文藝報 稿酬收据 编号：00476

此联請作者签收后寄回 57年7月29日

姓名	茅盾	地址	文化部
题目	[illegible]		
发表日期	7月28日第17期	計算标准	每千字 18.- 元
金额人民币（大写）	[illegible]		
备注：		收款人	

《人民文学》稿酬单

一套初版连环画《山乡巨变》宣纸版在连环画收藏界转让价已经是几万元，但这本书在“文化大革命”中却被诬陷为60部“毒草”小说之一。人民文学出版社1967年12月《文艺战鼓》发表了《六十部小说毒在哪里？》，典型地反映了“四人帮”在文艺界的倒行逆施。

我“文化大革命”前年龄太小，对爷爷的印象还是二十世纪七十年代初，爷爷被允许回北京治病之后。他是个不善交际、沉默寡言的人。外公曾告诉我，当时两家会亲，外公和爷爷交谈一番，所有的谈话，都由外公起头，爷爷从不先说一字，但却仔细地在观察。

记忆中曾跟随爷爷去颐和园昆明湖游泳、游香山、游长城，还有一次远游，那是1976年夏季，唐山地震后，我随爷爷到湖南避难。

记得有一次跟爷爷去北京协和医院，爷爷是挂号看眼科。看完病出来，到取药处填单子，护士问爷爷是几级干部？爷爷迟疑了一下，轻声说：“就算七级吧。”当时有些正部级都到不了七级，护士听了又好气，又好笑：“七级？还是就算？”

“文化大革命”结束后，爷爷轻松了很多。但不久后即查出身患肺癌。他不抽烟，不喝酒，过去身体一直不错，知道这个诊断，大家都很吃惊。我想，病因主要就是“文化大革命”以来心情压抑，免疫力降低，再加上在牢房里的被动吸烟。

看着这几张签单，想想那时爷爷正好50岁，现在又是50年过去了，爷爷如果健康地活着，也是百岁老人了。

爷爷一生俭朴，没有留下什么奢侈品，但有一件东西却让我留下了深深的记忆。那是一块18K玫瑰金的瑞士欧米伽男表，是爷爷到苏联领“斯大林文学奖”时买的，父亲结婚时，爷爷送给他做纪念。我戴过两次，一次是到北京一零一中学参加插班考试，有数学、理化、英语三份大试卷，考了三个多小时，我戴着这块表，顺利过关，插进了一零一中学的快班。另一次是1980年我戴着这块表参加高考，考进了北京医学院（今天的北京大学医学部）。我觉得这块表真是“福”表，只可惜这块表后来被父亲遗失了。

第十五章

清中期满蒙藏汉四体文紫檀佛背光板残件

2005 年夏日，正是北京报国寺最热闹的时候。而古寺的高墙深院、古柏旧槐，将城市的喧嚣、尘雾挡在了外面。寺内的古玩钱币市场的嘈杂（低声论值、高声砍价、瓷玉的轻碰脆声、提笼中的鸟叫声）比之外面世界的纷乱（汽车马达声、自行车急促的铃声，小贩的叫卖声、匆忙的脚步声），别有一番滋味，使人们的心理压力也得到了极大的缓解。

古玩厅内有一些固定店铺，和那些摆临时摊位的、开店的比起来，一般都是资深人士。该时正是古玩厅的鼎盛时期，宏哥、宁哥、

周漠、王伟、小汪、大夫、李三都在这里开店，彼此很熟悉，客户也都互相介绍。

这天上午，我去宏哥店中，宏哥不在，站在走廊里听了听，宏哥的大嗓门在大夫店中发声，随声走进大夫店中，果然以宏哥为首的一帮朋友正在行使发言权。大夫实际上没做过医生，只是家住人民医院附近，所以大家都称他大夫，他也以大夫自居甘之若饴。我进去的时候，大家正在侃以前遇到过的好东西，哪件、哪件现在都值多少钱……有人提到宏哥那时在古玩城开店，沉溺于赌局，将整个古玩店输光的事。传说他当时有一件小型宣德炉，手头包浆极佳，很多人给价宏哥都不卖，最后一场金花牌局，那只炉抵了2万元，宣德炉“姓”了别人的姓。大家说那只香炉如果还在的话能进博物馆。大夫开腔说：“我也有一件能进故宫的，只有一件，是个二胡筒子。”我们都不禁哑然失笑，二胡进故宫？就是瞎子阿炳拉的那只也进不了故宫，顶多进个民俗音乐博物馆。大夫从柜台下面拿出几块木板，确实是二胡筒子拆下来的六块板。拿起一看还真是紫檀的，而且还是上好的牛毛纹紫檀。翻过来看，居然还有字，仔细辨认，有汉文、满文、蒙古文、藏文四种文字，曾经还填过泥金，如今掉得差不多了。四种文字我只认得汉字，上有“清称觉隆鄂墨什额特赦”等字样，文字写法和格式都属清中期官体。看来真是官造，但文字不连贯，小板是由大板劈成的，可能原是御用的东西，后来被人改成二胡筒子。我问大夫：“你知道原来是什么东西吗？”大夫肃然答道：“是大清国册封西藏大喇嘛活佛的封册。前两天我在报国寺早摊上，曾看见了一个二胡筒子，是紫檀的，当时心想板子劈成这么小块还有什么用，往筒子里面一看居然有字。买回家用开水泡了好久，才一点点打开。现在我一见二胡筒子就要看里面有字没有。”

清代四体文紫檀佛光板残件

我认为这东西和密宗佛教有关，不见得是封册，因为清朝给达赖、班禅的封册都是赤金的。但东西很有意思，没准真进过紫禁城。我问大夫多少钱卖，大夫倒没居奇大开口，我交付他几百美元，东西就给我了。过了几天大夫还请大家吃了顿大闸蟹（到海鲜市场买活的，再让饭馆给蒸出来，如到大饭店，这几百美元都花了，也不够）。

后来，我在乾隆地宫贮藏的相关刊物上读到，乾隆随葬的几十尊鎏金佛像后都有紫檀镶板。上面用满蒙藏汉文解释对该佛的不同称谓。当然所有的佛都是蒙藏小乘佛教的佛像，为佛教密宗（也叫真言宗），但没看到实物照片。看来乾隆皇帝想带着佛器进行大轮回，但后来清运将尽，盗匪四出，乾隆地宫被土匪军人孙殿英派工兵用炸药炸开，将里面文物、珍宝抢掠一空。乾隆皇帝英雄一世，死后身首异处。中华民国国民政府因外患临近，并没有将孙殿英绳之以法。这事给寓居天津的溥仪震动极大，其打击比被冯玉祥逼宫离京还要严重。事后中华民国国民政府也没象征性地来一封慰问信。溥仪觉得祖坟被掘，耻过亡国。关东军借机大做工作，终于将溥仪搬到东北，建立了首都设在长春市的“满洲国”。溥仪在万般委屈下做了日本人的傀儡皇帝。

孙殿英将大部分文物珍宝卖到外国换成军火扩充实力，小部分东西打点上下关系，以求免罪。像这种木头东西，这帮土匪大兵根本不会放在眼中，将鎏金佛取走，背板就流落民间了。在二十世纪三四十年代，这种背板还值几个钱，但中华人民共和国成立后，这种东西也就和废品一样了。

不知道哪位乐器行师傅，独具慧眼，将这种背板废物利用，改做了一个标准的二胡筒子，打了一个圆眼，一个方眼，将有字部分朝里，外面打磨开槽（如用有字部分打磨，就真的不知道是什么了）。

在“文化大革命”期间，不知多少名贵木器家具被改成了乐器和算盘珠子。我的木器师傅史志广就是乐器行世家，他父亲史善朋是当时京胡制作大师。他们家也曾切割过硬木方桌做胡琴。二十世纪八十年代初，史志广遇到特大明式黄花梨罗汉床，三块围子都是万寿螭龙镂雕。当时要价 1500 元。卖主桑大爷说，要不是乐器行人嫌镂空地方太多，出不了多少料，早让他们买走了，也留不到现在。

2008 年年底，嘉德四季拍卖会，有一件紫檀背板，板完整，装在插牌座上，和我这几块板是同类东西，完整的板也很小，差不多有三块残板大小。我托一个朋友去举牌，但因拍卖价太高未获。

我只能拥有这堆残器了。这几块也不连贯，看来被破坏的不只是两三块背板。有内行告诉过我：过去故宫六品佛楼也遗失过一些这种佛像和背板。

大夫后来去分钟寺开店，我也买过他一些别的东西，但每次问及紫檀背板筒子，大夫说再也没见过类似的东西。几个月后大夫急病仙逝。

第十六章

清代光绪皇帝朱笔手抄日本帝国宪法

2003 年，北京琉璃厂升级改造，荣兴艺廊古玩市场翻建，原来的店家们各奔东西，经营书画纸品的刘勇先生临时去了潘家园大楼。我去潘家园看他，发觉潘家园旧货市场只是周末人多一点，平常没有生意，门可罗雀。我劝刘勇先生还是在琉璃厂找地方，他也同意，说一有好地就搬。我问他最近有什么收获，他拿出三个册子，其中两个是墨笔抄的佛经，装帧得非常讲究，只是虫吃鼠咬，上面尽是大小洞眼。还有一本黄封面的册子，封面朱笔大字：大日本帝国宪法。我就更不在意了，我也不是学法律的，外国宪法就是老译本也没什么意思。翻开一看，竟是满本朱笔。黄皮朱笔，不是皇家，也是宫造。刘勇先生说："应该是光绪亲笔。"首页有一张墨笔签条，还有一方印章朱字阳文"养心殿藏"。印文涣散，无甚功力。对于这件东西，我是半信半疑，不敢马上决定，照了几张照片，问了价钱，说是回去想想。

回家后第一件事是将以前收藏的有光绪朱批的奏折取出。同治和光绪年间太后垂帘听政时期都长，有亲政朱批的少，只找到几份有光绪亲笔的奏折。对照笔迹，这件手抄宪法应该是光绪亲笔，那个"养心殿藏"的篆文印章，应该是光绪自己刻的，虽然章法陋劣，但自己篆刻应该起到唯一和防伪的功用。光绪生前喜爱机巧，会修西洋钟表，刻个把图章也是可能的。那页草写的眉签，细看文字是这样的："将此纸所写之宪法，即照次序，将其一篇一篇的，俱粘在此本上，要粘平正了，毋得差错次序；粘齐之后，将此本上面皮上，原皮剔大栏小线面签，合其式样，不用另贴签条；再将以上粘过之纸，揭下来重新粘平正了，如揭破了，则换上几篇空篇，等着重写；俟写齐后，交下再粘，其揭破之底子，一并交上。"可以看出这是一道将御书原稿装帧的上谕。文中"毋得差错、交上、交下"等词句，全是皇帝口吻。应该是光绪皇帝口头传旨给内务府大臣或者是内监总管，受旨者马上抄录下来，并述旨转交给内务府图书处的领班。为了让工匠不搞混乱，所录上谕已加了断句标点，当装帧完毕后，连这篇承旨上谕也一并交上。这本抄本应该是私人制作，抄录以加深解读，完成后成为私人工具书收藏。基本弄清来龙去脉后，我打电话给刘勇先生，和他商量价钱，最后以4000美元成交。

同治十三年元月，同治皇帝患天花不治去世（民间传说梅毒发作致死）。因同治无子，有大臣提出为同治帝立嗣，继任皇帝。但众军机大臣等为国事考虑，没有执政经验的嘉顺皇后不应该介入朝政。最后众议为咸丰皇帝选嗣，而由两宫重新垂帘听政。因为在同治初年，两宫垂帘，政绩显著，灭洪杨太平天国，灭捻军，成就了同治中兴。国是既定，请两宫择君，慈禧老实不客气地选择了七王爷奕譞（咸丰之弟）的第二子载湉，因为他是慈禧亲妹妹所生，慈禧既是他四伯母，又是他大姨妈。慈安太后执政才能不及慈禧，大事全听慈禧的主张。于是四岁的载湉进宫，次年改号光绪元年。

由于慈禧反省对同治皇帝这个亲生儿子教育的失败，所以对光绪的关怀教育格外上心。同治小时候，慈禧太后对他非常严厉，每天晚膳前查他功课，轻易不露笑脸。同治反而和慈安太后亲近，有时和慈安有说有笑，慈禧一进来，马上住了声音，就像老鼠见了猫。长大亲政以后，逆反心理大爆炸。慈禧想变换教育方式，对光绪从小温言看护，重话都不说一句，心想从小这样培养感情，就是石头也焐化了。在教育上，选择品行清正的上届师傅李鸿藻和翁同龢，开蒙读书。在光绪的童年和少年，两宫太后对他是精心照顾，悉心培养的。光绪七年，慈安太后病逝于钟粹宫，听政及教养皇帝的重担全部落在慈禧太后身上，她也是能者多劳，不以为苦。陈重远先生在讲述琉璃厂史话的书中，讲述一段古琴名师张春圃进宫为慈禧演奏一事，我认为描写得基本真实可靠。抄录如下：

光绪六年前后（我认为是光绪七年以后，因为慈安太后在的时候，慈禧不会单独听琴，只有慈安逝后，慈禧独断国事，才能从宫外宣人演奏），有太监传谕，命名琴师张春圃进宫为慈禧太后供奉演奏，张春圃进西宫的西厢房弹奏，慈禧在寝殿正房最西边的房间听，两人不见面，张春圃可以不用跪着弹。西厢房放着几张古琴，外表装饰得富丽堂皇，可称是“金徽玉轸”。张春圃一一弹拨琴弦，音响皆不合韵，他脱口而出：“这几张琴装饰虽美，琴质不佳，弹不出悦耳之曲。”慈禧听到他说琴不好，告诉总管李莲英：“把我平日弹的那把琴，拿给他去弹。”张春圃在这张古琴上一落指，声音清脆悠扬，连声称赞，然后正襟危坐，竭其所长，弹起古琴曲。弹奏之间，慈禧称赞弹得好！乐阕休息时，三位乳母装饰的满族妇人，领着一个衣着极华丽的十来岁的少年，步入西厢房。这位少年见琴就用手拨动琴弦，又把琴轸抽出，玩弄古琴。张春圃上前阻止说：这是太后老佛爷的琴，可动不得！少年怒目而视之。站在旁边的一妇人责怪张说：“你知他是谁？老佛爷事事都依他，你敢拦他，你长几个脑袋！”另一妇人瞪他一眼说：“皇上老爷子驾到！”张春圃连忙跪下叩头，连声说：“奴才不知圣驾到此，罪该万死！罪该万死！”少年一笑了之。

从这段描述看出，慈禧对光绪是宠爱的，如果同治当年少年时像这样乱跑乱动，慈禧早把他训斥出去了。光绪小时，慈禧对臣工说：“常卧我寝榻上，时其寒暖，加减衣衿，我日书方纸课皇帝识字，口授读四书诗经，我爱怜唯恐不至。”稍大后到敏庆宫读书，宫廷皇子教育一向严格，文有上书房师傅的每日教诲，武有满族师傅的压马习射。慈禧特旨命光绪生父醇亲王督查书房，也让他们父子保持亲近。确实，在培养皇帝上，慈禧大大花费了心血，让她欣慰的是，小光绪虽身体不好，武学不显，但非常爱好学习，坐着、站着、躺着都在朗诵诗书。

这本抄本中间用的纸很奇特，方方正正，也许光绪从小开蒙，慈禧就用这种方纸写字教学，所以习惯成自然了。另外在本中发现一根头发在纸内，难道这就是传说中的发笺纸？一般发笺都是书本封面所用增加纸张强度的，在页中出现一定是私人定制，也许是光绪用自己头发让江西代工的产品。自 2003 年开始，中国原子能科学院与北京市公安局法医检验中心组成了专家组，对光绪遗骨、遗发、身边遗物做了长达五年的科学化验，得出光绪帝死因是急性砷中毒（砒霜中毒）。光绪残发仍有一些在专家组，如果想知道这发笺纸中的头发是否属于光绪皇帝，做个头发样本的基因比对就知道了。

大日本帝國憲法

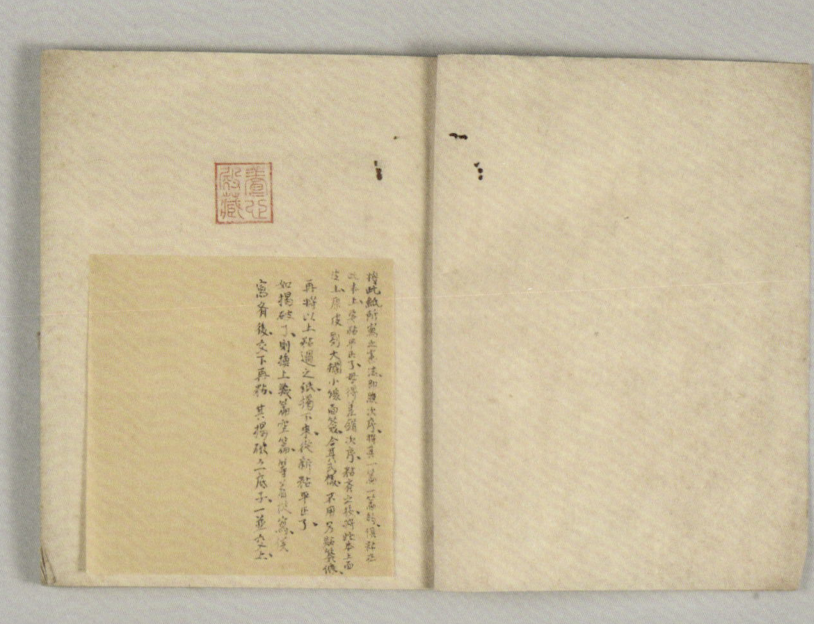

日本帝國憲法

第一章　天皇

第一條　大日本帝國萬世一系之天皇統治之

第二條　皇位依皇室典範所定以皇男子孫繼體承統

第三條　天皇神聖毋侵

第四條　天皇為國之元首總攬治統依此憲法條規行事

第五條　天皇以帝國議會之協贊行立法權

第六條　天皇裁可法律命臣僚公布執行

第七條　天皇召集帝國議會命開會閉會停會及衆議院之解散

第八條　天皇為保公共之安全與避公共之災害事關緊要於議會閉會時發代法律之敕令此敕令須俟至次會期

提出交帝國議會會議若議會不承諾政府公布其失此條作廢

第九條　天皇為執行法律又為保公共之安全增臣民之樂利可發敕令命令但不得以敕命變更法律

第十條　天皇定行政各部之官制文武官之俸給任免文武官但此憲法及他法律別有特例者須依其條項

第十一條　天皇統帥陸海軍

第十二條　天皇編制陸軍海軍定常備兵額

第十三條　天皇主宣戰講和及締結諸式條約

第十四條　天皇宣告戒嚴戒嚴之要件及効力以法律定之

第十五條　天皇授與爵位勳章及他榮典

第十六條　天皇命大赦特赦減刑及復權

第十七條　置攝政依皇室典範所定攝政於天皇名行大權

第二章　臣民權利義務

第十八條　日本臣民應守之要義以法律核定

第十九條　日本臣民合法律
命令所定之資格者均得
任文武官及就他公務
第二十條　日本臣民從法律
所定有服兵役之義務
第二十一條　日本臣民從法律
所定有納稅之義務
第二十二條　日本臣民於法律
範圍内有任便居住移徙
之自由
第二十三條　日本臣民不受非
法之逮捕監禁審問處罰
第二十四條　日本臣民不被奪
於法律所定之裁判權
第二十五條　日本臣民除法律
所定之時外無被未經許
諾而侵入住所及搜索者
第二十六條　日本臣民除法律
所定之時外無被侵信書
之祕密者
第二十七條　日本臣民不被侵
財產所有權至因公繫要
之用則依法律所定
第二十八條　日本臣民苟不害
治安不紊秩序不背為臣
民之義有信教之自由
第二十九條　日本臣民苟不背
法律有印行言論著作集
會結社之自由
第三十條　日本臣民能守分
定之禮法循別定之規程
者得為請願

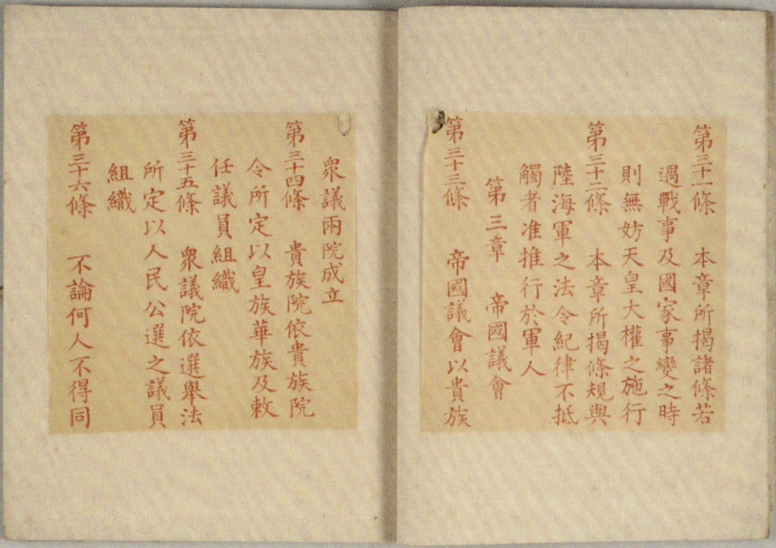

第三十一條　本章所揭諸條若遇戰事及國家事變之時則無妨天皇大權之施行

第三十二條　本章所揭條規與陸海軍之法令紀律不抵觸者准推行於軍人

第三章　帝國議會

第三十三條　帝國議會以貴族衆議兩院成立

第三十四條　貴族院依貴族院令所定以皇族華族及敕任議員組織

第三十五條　衆議院依選舉法所定以人民公選之議員組織

第三十六條　不論何人不得同時為兩議院之議員

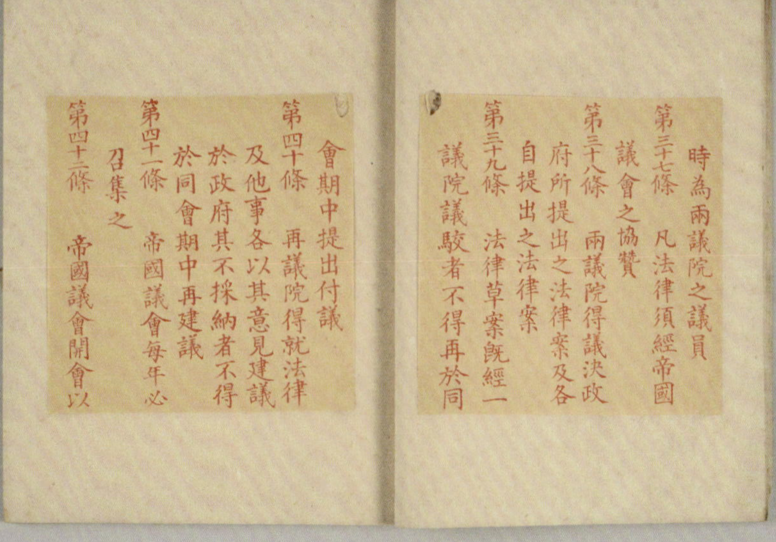

第三十七條　凡法律須經帝國議會之協贊

第三十八條　兩議院得議決政府所提出之法律案及各自提出之法律案

第三十九條　法律草案既經一議院議駁者不得再於同會期中提出付議

第四十條　兩議院得就法律及他事各以其意見建議於政府其不採納者不得於同會期中再建議

第四十一條　帝國議會每年必召集之

第四十二條　帝國議會開會以

三個月為會期有必要之
事件以敕命寬展之
第四十三條　臨時緊要於常會
外有召集臨時會
臨時會期以敕命定之
第四十四條　帝國之開會閉會
展會停會兩院同時行之
命衆議院解散時貴族院

同時停會
第四十五條　命解散衆議院時
即以敕命選舉新議員從
解散之日起於五個月以
内召集之
第四十六條　兩議院非各有總
議員三分之一以上出席不
得開議事為議決

第四十七條　兩議院議事以過
半數決可否數同則依議
長所決
第四十八條　兩議院會議公開
之如政府要求秘其事或
議院自欲密之得為秘密
會
第四十九條　兩議院得各上奏

天皇
第五十條　兩議院得受臣民
請願書
第五十一條　兩議院除此憲法
及議院法所揭者外得制
定整理院内切要之諸規
則
第五十二條　兩議院議員在議

院發言陳意與表決不受院外之責但議員自演說刊行筆記或以他法布其言論當一律受法律區處

第五十三條　兩議院議員除現行犯罪及有關内亂外患之罪外會期中不被議院未許諾而逮捕者

第五十四條　國務大臣及政府委員不拘時刻得於議院出席發言

第四章　國務大臣及樞密顧問

第五十五條　國務諸大臣輔弼天皇如失其道任其重責

凡法律敕令與他有關國務之詔敕須國務大臣之副署

第五十六條　樞密顧問依樞密院官制所定應天皇之諮詢審議重要之國務

第五章　司法

第五十七條　司法權於天皇名依法律裁判所行之

裁判所之體制以法律定之

第五十八條　裁判官以具法律所定之資格者任之

裁判官除因刑法宣告及懲戒處分外不免其職

懲戒之條規以法律定之

第五十九條　凡裁判之對審判

決公開之但有害大局及風俗者得依法律與裁判所之決議停對審之公開

第六十條　凡特別裁判所管轄者以法律別定

第六十一條　凡由行政官廳之違法處分傷害權利之訴訟屬法律所定行政裁判所之裁判者司法裁判所不當受理

第六章　會計

第六十二條　新課租稅及變更稅率以法律定之

但屬報償行政之公費及他收納金不在前項之限

起國債及除豫算所定者外立國庫擔保之契約須由帝國議會協贊

第六十三條　現行租稅除更以法律改易外皆依舊徵收

第六十四條　國家之歲出歲入每年豫算由帝國議會協贊超過豫算額及豫算外別有開支者日後須求帝國議會承諾

第六十五條　豫算先提出交衆議院議之

第六十六條　皇室經費依現在之定額每年從國庫開支除將來須增額外無庸帝國議會協贊

第六十七條　本憲法上大權所

定之歲出與法律所定之歲出及屬法律上政府義務之歲出非政府與帝國議會協意不得廢除削減

第六十八條　因特別之要需政府得豫定年限為繼續費而求帝國議會之協贊

第六十九條　為補豫算中之不足又為充豫算外之要需設豫備費

第七十條　為保持大局遇有急需而迫於内外之情形政府不及召集帝國議會得依敕令為財政上必要之處置　前項至次會期須提出交帝國議會求其承諾

第七十一條　帝國議會豫算不議定或豫算不成立者政府照前年所度之豫算施行

第七十二條　國家歲出入之決算會計檢查院確核檢查政府以其檢查報告并付於帝國議會

會計檢查院之體制及其職權皆以法律定之

第七章　補則

第七十三條　此憲法之條項將來有必須改正者以敕命將議案付帝國議會議決之

改正憲法之時兩議院非各有總員三分之二以上出席不得開議事出席議員非得三分之二以上之多數不得為改正之議決

第七十四條　皇室典範之改正不須經議會議決

不得以皇室典範變更此憲法之條規

第七十五條　憲法及皇室典範置攝政時不得更變

第七十六條　不拘用法律規則命令及何等名稱凡現行之法令不與此憲法矛盾者總有遵由之效力

凡歲出關係政府義務之現行契約及命令皆依第六十七條之例

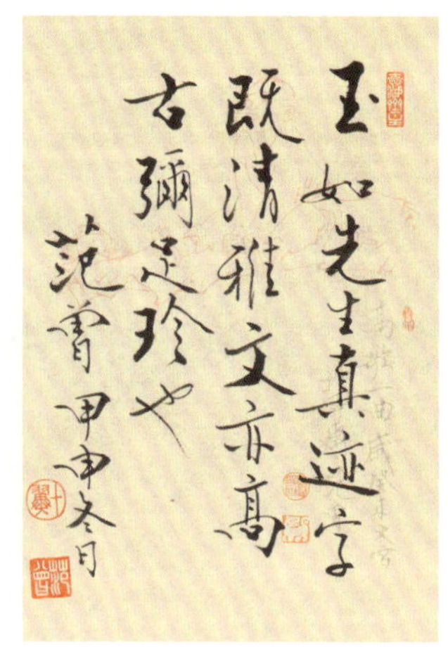

第十七章

近代吴玉如致周恩来墨书信札

2004 年春季，在琉璃厂见到张亮兄也来逛古玩店。张亮兄原在外贸学院教书，后来下海倒腾古玩。因为文化比侪辈高些，所以主要买卖软片（字画纸张）。又因为生性慎重多虑，不少东西因价钱而失之交臂。我曾向他购买过有铭文的青铜箭头。在 1997 年钱币邮票热时，炒过一阵新银币，后涨了一倍，张亮兄不肯出手，希图重利。我多少也受他影响，只售出所存的三分之一，买了一套楼房（那时北京房价极低）。又过半年，币价飞跌，即使我将剩下的银币都卖了，所得竟连一个卫生间也买不到了。币价一跌 20 年，至今未曾翻身。

张亮兄因古玩行萧条，随夫人到中国驻南斯拉夫大使馆工作，正赶上中国驻南斯拉夫大使馆被炸。看到中央电视台记者到中国驻南斯拉夫大使馆采访幸免于难的工作人员，张亮兄也在其内，不禁为之庆幸。

张亮兄光荣回国，一直忙着到各单位巡回演讲，好久都没见到他人影。这次竟在琉璃厂巧遇，我问他："现在收买什么东西？"他说在玩信札（名人书信）。我正好也收了一些信札，所以极有兴趣地和他边走边聊。走到史志广先生的店门口，老史不在，张亮说："老史有一封南开吴玉如先生写给周恩来的墨书信札，我和他说了好几次，他都不肯卖。"我听过后，也没太放在心上。我和老史很熟，他木器搞得很精，我向他学习，并称他为师傅。可是他从不搞字画软片，怎么会收藏这类东西呢？又过了一两个月，有一次我和老史、罗三哥、黄维春在北京饭店背后一家李合盛泡馍馆里吃泡馍。几个人吹来侃去，老史说他有一封信札，是吴玉如写给周恩来总理的。我忽然想起张亮兄的话来，我对老史说："东西我就当你有，卖我多少钱？"老史说："你给我 5000 元吧。"我说："我给你 400 美元，而且是现在就给你，东西我还不看了。"老史有点动心，说："得，再把你那件皮褛孝敬了我就齐了。"我在美国买了件羊皮夹克，手感很软，没想到师傅惦记上了。我说："就这么办了。"然后把 400 美元奉上，罗、黄二人做证。

过了两天，我送皮夹克给老史，他拿出十来张信纸，其中三张是吴玉如先生写给周恩来的亲笔信札，另外都是吴玉如先生的学生给的信件。我问老史这些信札的来源，老史讲是过去合作伙伴张茂来旧存的。张茂来是吴玉如先生的晚辈亲戚，后来老史和张茂来拆伙后，这些书信就归了老史。

回家后我立刻查阅吴玉如先生生平。吴玉如，生于光绪二十四年（1898），也就是著名的戊戌变法的那一年，于 1982 年去世。名家琭，字玉如，后以字行。原籍安徽泾县茂林村，故早年号茂林居士，晚年自署迂叟。曾在天津南开中学就读，与周恩来同班，因娴熟古文，受校长张伯苓赏识。1936 年吴玉如任南开大学文学院讲师兼经济研究所秘书。1938 年应张伯苓之聘，于重庆担任国民参政会秘书。1939 年，吴玉如因不满国民党政府排斥异己、后方官员趁战乱贪污，毅然辞官北上，返回天津，后在工商学院教书。

中华人民共和国成立后，吴玉如以闲散之身教书、做学问，与当代名士朱启钤、周叔弢、章士钊、张学铭、黄琪翔、叶圣陶、俞平伯、张伯驹等交往，并有诗词唱和，倒也自得其乐。

我收到的这封书信，是“文化大革命”中后期，吴玉如先生被打成“反动学术权威”，贫困交迫，不得已写给周恩来的信，信中提到同学少年事、重庆辞职中，因自己当时书生习气太重而言语伤人。也说到 1968 年章士钊代为求职一事。最后说自己生计益窘，虽致力于中国文字研究，但一无机会，二无职务，请总理考虑。最后敬请总理为国珍重。

后来吴玉如被安排在天津图书馆和文史馆工作。

这封信是吴玉如亲笔信札底稿，虽未注明写信时间，但从信中提到行年七十有五，判断该信应于 1972—1973 年发出的。

吴玉如十岁之前即酷爱中国书法。在宣统三年（1911）所恭写的小楷扇面，就体现出苏轼、赵孟頫的簪花格小楷体了。

吴玉如习字，无师传授，先习苏（苏轼）赵（赵孟頫），后练白折（旧时科举中用的书体，其体式与馆阁体相同），因觉得进展局限，于是由学苏（苏轼）改而学米（米芾），由学赵（赵孟頫）上溯到学李邕，由写白折改写二王（王羲之、王献之）的《黄庭经》《洛神赋十三行》。他早年也写过颜体大楷，后来发现写颜容易鼓努为力，外强中干，从而改习北碑（他独尝《元略墓志》和《龙藏寺碑》，其

吴迂叟寄鞠宇总座阁
鞠宇学长兄坐右古月并上寸缄暨简
历未蒙寄覆想坐右事繁未遑
赐察耳以少年同学之私食衣食之
窘来干惠予此非自爱者所宜出也
更非坐右为国家护惜人材所宜允
也自度非无尺寸之长行年七十有五矣
耳目未失聪明手足未至不仁尚可为药

笼中之稿字然日月逝于上体绸里于
下日复不如一日亦不可强讳之事溯三
十年前渝中不甘自污拂袖远去之
日曾诐贱坐右曾承亲笔函敬语追
怨揆国事当时书生习气不肯轻诺
千演六八年中章行老拟绍介入文史
馆旋告以坐右语家琢家事甚详谓
坐右知之深不必为作曹邱矣文化大革

甲申夏仲获京南琉璃厂吾友史致广兄旧藏吴玉如先生手迹致南开同窗周恩来总理信札一封此吴先生晚岁张茂来先生所有不胜欣喜故特请范曾先生及家外祖父阶平公各书题跋因四人均出南开在一册中共聚实属难得之事矣 特此恭记

丁亥秋深周仰东撰题于京

命款遂尔阅置顷者生计益窘子女众注事京职虽月给少许衣食之费尚有家累难望终济念生平不助桀虐不为民蠹笃嗜己国文字不求求济谁复济之坐右有意使为社会主义竭其区区之乎如其人宜无显取宜其自生自灭自当克己循省莫再作韩退之屡上宰相书以増愧恶也披沥直陈不尽觑缕敬请 为国珍重

吴玉如致周恩来墨书信札

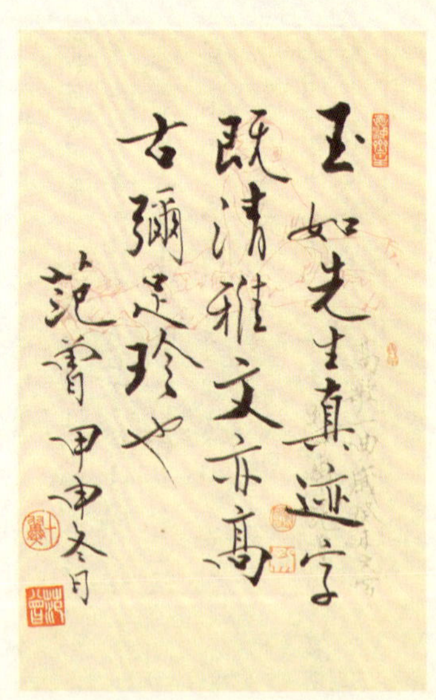
玉如先生真迹字既清雅文亦高古弥足珍也

范曾 甲申冬日

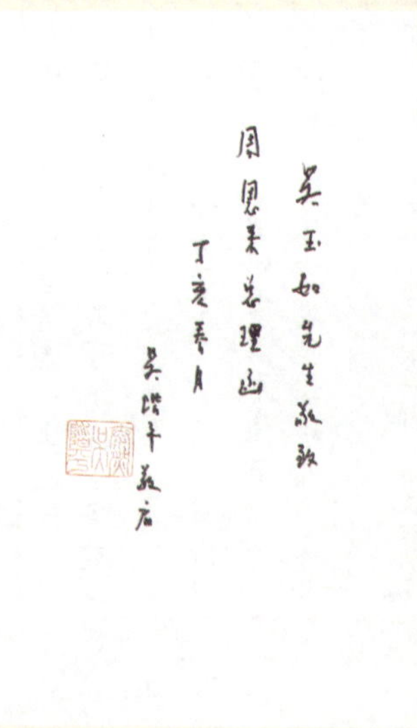
吴玉如先生敬致周恩来总理函

丁亥春月

吴阶平敬启

范曾跋（左图）、吴阶平题签（右图）

次则《张黑女墓志》)。至于行书，他从李邕的《法华寺碑》《麓山寺碑》，米芾的《方圆庵记》等进而上溯《兰亭集序》《圣教序》，终沉浸于二王。他于唐取褚遂良《枯树赋》，李邕《法华寺碑》《麓山寺碑》，孙过庭《书谱》，颜真卿《争座位帖》《祭侄文稿》，于宋取蔡襄、米芾，于元取赵孟頫、鲜于枢，于明取文徵明、王铎，终于探索出一条自己的光明大道，自成一体，深得右军神韵。他的名言是：写到天然境自融。他下笔绝不媚俗，认为“士先器而后文艺”。

吴玉如的书法，在当世独树一帜，文物鉴定家刘光启见到他在河南碑林所刻“炎黄子孙盼统一”时说：“此法可与东坡雁行。”郭沫若看到吴玉如的一副对联时说：“清朝没有这种作品。”启功曾经夸赞说“300年来无此大手笔，自董其昌后无第二。”吴玉如书法曾多次在国内和日本举办个人展览，在日本曾获极高推崇。吴玉如曾有著作《吴玉如书法集》《迂叟魏书千字文》《迂叟自书诗稿》《吴玉如行书千字文》等传世。

得到这封信札后，我想请南开名人题跋。曾在南开执教的范曾先生诗书画三绝，是当今美术界的泰山北斗。好朋友篆刻家王玉忠是范先生的关门弟子，范先生近期所有印章都是玉忠兄篆刻。玉忠兄将信札携去范先生处，范先生欣然命书“玉如先生真迹，字既清雅，文亦高古，弥足珍也”。并钤玉忠兄所篆六枚印章。

我想起家外祖阶平公，也曾在南开中学就读过，那时我太公在天津办宝成纱厂，外公报考南开中学，未取，太公亲到学校说项，因太公也是津门闻人（曾任天津招商局局长），学校答应试读一年，但如有一门不及格，则令退学。该时外公十几岁，最不喜读书，在天津迷上打网球，时间都用去打球，太公特地让长子吴瑞萍和吴瑞萍的同学黄家驷到天津给外公补课。但终考照样三门不及格，只好退学。但等外公到北京读书时，却开了窍，在燕京大学和协和医学院成绩都名列前茅。后赴美深造，在中华人民共和国成立前夕回国，中华人民共和国成立后，外公多次负责周恩来总理的医疗保健工作，周总理临终前的最后一句话就是对我外公讲的。

我想，吴玉如先生是南开前辈，把他写给周恩来总理的信函要求外公题签，他大概不会拒绝，果然，外公答应了。题辞：吴玉如先生敬致周恩来总理函。丁亥春月，吴阶平敬启。

我将以上几份文献，在琉璃厂请高手装裱成册，并撰文将得函始末叙述，恳请玉忠兄书于册尾。

四位南开校友：吴玉如、周恩来、范曾、吴阶平，“共聚”一册。盛世盛事也。

第十八章

咸丰官窑青花加紫八蛮进宝鼻烟壶

2004 年冬季，师哥吴锦荣和他的大弟子张砚宏约我一起吃晚饭。他们说有一家牛肉饼做得不错，一起去喝粥吃肉饼。行里的师承关系错综复杂。张砚宏管我师哥叫师傅，但他年纪比我还大六七岁，我叫他“宏哥”，而我师哥的公子吴迪却叫我“周哥”，叫张砚宏“宏叔”，听上去挺乱，其实是各论各的。

到了牛肉饼餐厅，原来还有别的客人，是个人高马大、身体壮硕的年轻人，砚宏兄介绍他名叫李小震，和他一起在报国寺开店，专营瓷器。他的父亲李有臣过去和马未都、宋四成都到白纸坊委托商行

淘货，后来和儿子共同开了个古玩店。李小震青出于蓝，眼力进步极快，曾在报国寺早集上见到一只永乐青花执壶，壶嘴有点毛病。开始要价不高，当李小震要买时，卖主守宝不卖了，小震穷追不舍，最后追到德州，和另一位行内人姚华加磅将执壶买下，随即去拍卖行卖出了 170 万元。据说拍者马上又将这把壶卖到一博物馆内，售价 600 多万元。这说明李小震看瓷的眼力确实不错。

大家吃饱了肉饼，一人端一碗豆粥填缝。李小震对砚宏兄说："我的一个朋友搞到一只咸丰官窑的鼻烟壶，让他老爸一不小心给打碎了，一生气将碎片便宜卖给我了。"砚宏兄伸手，要他拿过来看看。李小震拿出一个纸包，打开后露出一个鼻烟壶，猛一看，看不出破损，仔细看才知道是用透明胶纸粘合上了。砚宏兄看后说："东西不错，可惜残了，给你 800 元卖给我吧。"李小震说："你要，就 1200 元。"砚宏兄有点嫌贵，还给李小震不要了。李小震说咸丰官窑的少，上面绘的还是外国人呢。我感到新奇，问李小震，能不能让我开开眼。李小震将纸包递给我，我打开一看，瓶作玉壶春形状，青花加紫的颜色，蕃装人物手持物品，还有奇异怪兽跟随。我暗中思量，这难道就是传说中的八蛮进宝吗？数了数，果真八个人物，翻过底一看，有大清咸丰年制的官款。砚宏兄看我爱不释手，帮助拉合说："东西不错，当个标本，你就买下来吧。"我将纸包好，问李小震："头一次买兄弟的东西，1000 元如何？"李小震说："周哥给 1100 元吧。"我当即付了钱。李小震塞给砚宏兄 100 元，说："砚哥边鼓敲得好。"

第二天，我带鼻烟壶给琉璃厂资深瓷商王迪先生赏鉴。他说："开

咸丰官窑青花加紫八蛮进宝鼻烟壶

门见山的咸丰官窑，别看东西小，造型好。画片难得，发色也漂亮。要是没毛病，现在值七八万元。现在已经有技术可以修补中间裂纹，补好了看不出来。大博物馆内国宝级东西可以修，差不多要花费一万美元，等这项技术普及了，就不用这么高的费用了。到时候你把这个小烟壶修好才是。”

中国古代认为自己是世界的中心，“蛮”是我国古代对南方民族的统称。商周时期将四夷分为东夷、西戎、北狄、南蛮。《周礼·尔雅释地疏》中记载:“八蛮”为天竺、咳首、焦侥、跛踵、穿胸、儋耳、狗轵、旁眷八个国家，应该是我国疆域以南的诸国。中国历朝历代大多是只守疆土，不过分对外扩张的，小国只要承认中国宗主国地位，历代皇帝还是准许小国自治的，逢年遇喜庆时进贡点地方特产就行。历代皇帝也不占小国便宜，回赐珍宝、丝绸、茶叶、中药等。大多赏的比贡的多，显出大国风度。

这只鼻烟壶上的图案，始见于乾隆时期的绘画和烧瓷上。一般的八蛮进宝所进的是佛八宝，因为南蛮等国信奉的都是佛教。佛八宝为法轮、法伞、法螺、冠盖、白盖、宝莲、双鱼、盘长结八种法物。我曾在 1988 年翻译了一篇论藏币上的佛八宝，文章发表于《北京钱币研究》上。这只鼻烟壶上八蛮所供的八宝略有差异，宝莲、华盖、法伞不变，双鱼、盘长结类似，有一人捧着一盘东西，不知是法轮还是法螺，另一个手持一把铙钩站立，不知是什么。此外还有几种动物:虎皮小象、红色赤牛、虎足狮子、长发吼兽、豹斑狐狸。

众所周知，咸丰时期的官窑很少，一是咸丰当政时间短，只做了 11 年天子，二是咸丰年间战乱不断，无力造办玩物。有人说道光皇帝立储失误，我也持这种观点。道光皇帝如果留下个像乾隆、嘉庆时的太平盛世，传位给四阿哥咸丰倒没什么。咸丰皇帝爱好文章，通晓诗赋，熟悉乐律，效祖守旧，当个太平天子倒是蛮够资格。但道光一朝，鸦片战争已起，西方的火炮利弹打开了闭关自守的清朝国门。洋人刚走，内患又起，太平天国洪杨起事，如星火燎原，朝内财政大坏，吏法大渎。这种情况要是传位给头脑开通、处事圆滑，对国计民生之学下过功夫，对外来先进技术思潮容易接受的六阿哥，历史可能会不同。但道光爷左思右想还是保险守成，挑了四阿哥为皇太子，封六阿哥为恭亲王。

咸丰从即位第一天就动乱，到死也战事不止，真是没过一天好日子。他从内心盼望着四海开平，四夷来朝，八方安定，八蛮进宝。所以制作这种图案鼻烟壶，想重现康乾盛世。这种想法不仅害了自己而且害了整个民族，甚至贻害后世。

第二次鸦片战争的原因，今天听起来很可笑，和鸦片没什么关系，为的是英法使节与咸丰见面的礼节问题。咸丰一直坚持使节用三拜九叩的礼节见面，理由是葡萄牙人曾向高宗乾隆行过双腿跪拜之礼，但英法人等已经通过第一次鸦片战争摸清了清政府的军事底牌，因此强硬地要求按平等国家之间的外交礼仪——见皇帝三鞠躬。本来钦差大臣桂良已与英法使节换约，但咸丰不准，撤回钦差重谈，不许洋人进京。进京也不许摆队，见面先叩头。总而言之，洋人不叩头，他就不见洋人，为了这个原则不惜代价。谈判破裂，咸丰命科尔沁亲王僧格林沁扣押使节。英法联军进攻北京，僧王和都统胜保一败天津，二败八里庄，京城门户大开。咸丰为了不受制洋人，逃往承德。英法联军为报复清政府扣押使节，先抢后烧了清朝最大的离宫圆明园。圆明园的被毁大半原因是英法两国的土匪行径，法国著名文学家雨果称，烧中国圆明园的英吉利、法兰西为两个强盗。而咸丰皇帝夜郎自大，举措乖张也是圣园被毁的原因之一。

咸丰官窑青花加紫八蛮进宝鼻烟壶

咸丰总算实现了自己的信念，到死也没见外国人。死后，他烧制的鼻烟壶绘出的八蛮进宝景象非但没有出现，他的贵妃慈禧太后主政时，还受到了八国联军入侵。

落后是要挨打的，无论是从国力上还是思想上。

第十九章

清代行有恒堂水晶钟型扳指

2005 年春季，师哥吴锦荣打来电话，说有人送拍了一只水晶扳指，他自己觉得不错，问我有没有兴趣。吴师哥在盘龙大众拍卖行担任首席顾问（旧称“瞭高的”），收货时也替我留意着。我马上赶往大红罗厂盘龙拍卖总部，见到了那只水晶扳指。

这只扳指是上好的天然水晶材质，洁净中飘着少许淡淡的云雾，是一枚文扳指（文扳指是指扳指主体四周圆润；武扳指为了其实用性，主体有一面是平的，便于控弦），器型与传统的文扳指稍有不同，微微有些钟型，形态很美，底部边缘刻“行有恒堂”四字楷书。这四

个字是用刀具直接刻出来的，字迹清晰而有力。凡是玩古玩书画的人都知道清中期的“行有恒堂”，是宗室王府的堂号，凡有此堂号的东西，可以视为半个宫廷造，实际上，“行有恒堂”的器物有些比造办处的还要好。我请吴师哥帮忙提调。本来货主是送来拍卖的，在拍卖前商量成交的，行里叫截货，和麻将截和是一个意思。吴师兄打电话给本主后告诉我，本主要一万元，拍卖行收两个百分之十五，不从买主货款扣，人家才同意提前卖，所以总数是一万三千元。相比这只扳指，这个价钱不算贵，而且算不上一手货但也差不多，于是我马上同意交割。按行里规矩，我还应该付吴师兄百分之十的，因为和他关系太好，师兄拒而不受。

试戴了一下，感觉很好，整体打磨得光滑圆润，拇指感觉到钟型扳指的舒适自然。因为还是有点不放心这四个字是不是高手后雕的，于是询问了资深玉商利广军先生。利先生认为刻的字很自然，连滑笔都清楚可见，后雕的可能性极小。资深玉器行家马明先生也说：“整体流畅，不酸不假，是我见过器型最好的扳指。”

清代行有恒堂水晶钟型扳指

行有恒堂是第五代定亲王载铨的堂号，这个定王不属于八家铁帽子王，没有世袭罔替特权，而是降等世袭到第五代还是亲王。第一代定亲王永璜是乾隆的长子，但从来没有成为接班人的希望，因为皇家嫡庶之分非常严格，皇长子是庶出，母亲出身不太高。乾隆首先把希望寄托在皇后生的皇二子永琏身上，永琏幼年病亡后，乾隆的希望是另一嫡子永琮，永琮去世后，乾隆选定的是继后所出的永璂。长子永璜一直得不到乾隆的喜爱，直到 23 岁去世，才得到封号和硕定亲王。他留下了两个儿子，即皇长孙绵德和皇次孙绵恩，这两个皇孙一直跟着几个叔叔在上书房学习。对于皇长孙绵德，乾隆以为他太木讷，初封亲王，后降为郡王，再革爵，由他弟弟绵恩袭爵定郡王，乾隆对这个皇次孙异常喜欢。继皇后失宠后，永璂失掉接班人位，乾隆在晚年认为绵恩才德过人，曾想传位给他，但怕发生永乐夺位的惨事，最终禅位给比绵恩小十几岁的皇十五子嘉庆。但绵恩也晋位亲王，执掌御林军火器营 50 多年，深受历任皇帝重用。绵恩死后，儿子奕绍加恩袭亲王，14 年后，奕绍病故，由长子载铨袭封郡王，后加亲王俸，死后封和硕定亲王，谥号敏。

乾隆皇帝的直系子孙中，风雅好文的有两人。一是皇十一子成亲王永瑆，他是清中期书法大家“翁刘成铁”中的“成”；另一个是玄孙定亲王载铨，袭爵在道光年间，他是清代著名的收藏达人，收藏历代名家书画，而且爱好雅玩，私人定制很多瓷器、漆器、紫砂和书房用具。定府的书房堂号是“有恒堂”，载铨将其改为“行有恒堂”，制作的雅玩上均署有“行有恒堂”的款识。我估计定亲王府也养着漆木

小器作和玉作的巧手工匠，载铨可以随时将自己的喜好建议传达给工匠，使器物做得更合心意。载铨是道光一朝著名两大权臣之一，另一个是穆彰阿。载铨历任御前大臣、工部尚书、步军统领等要职。他和穆彰阿一样，都是广招门生，结党营私。定邸门生有名的有“定门四配、十哲、七十二贤”之称，和穆彰阿的“穆门十子”相对应，将道光朝廷的吏治弄得乌烟瘴气。中英鸦片战争，清政府割地赔款，道光皇帝追查责任，将林则徐、邓廷桢和琦善甩出来顶杠，但官民都知道责任主要在中枢大吏。道光皇帝去世前，命宗人府宗令载铨，御前大臣载垣、端华、僧格林沁，军机大臣穆彰阿、赛尚阿为顾命大臣，宣示御书:“封皇六子奕䜣为恭亲王、皇四子立为皇太子。”皇太子奕詝即位后，立号咸丰，首先拿穆彰阿开刀，为鸦片战争失败清正溯源。后来的中兴名臣袁甲三（袁世凯的长辈）也乘势参劾载铨营私舞弊，结党贪墨。但咸丰对宗室大宗令还是有亲缘之情的，只是从轻罚俸两年，罢职几月，仍任步军统领要职，第二年还加了亲王衔以温悯。所以载铨一生还是顺风顺水，有闲情逸致来欣赏制作雅玩。

清代行有恒堂水晶钟型扳指

第二十章

沙俄致大清外务部照会

2007 年年初，在琉璃厂开古玩店的刘勇兄向我展示了这个大清外交信封。这种封在集邮行内称为“官封”，也叫“马封”，上面印着“大俄署理钦差全权大臣世”，且有两枚紫朱俄文印章，收信处印着大清外务部，且有当堂开拆的字样。打开一看，里面居然还有信件。这种马封绝大多数是没有内信的，有信的真是凤毛麟角，十分难得。

我问刘勇兄这个官封要价多少，他说要 1 万元，我觉得有些贵，早年我从太平洋拍卖行买到过一个日本使馆到庆亲王的官封（没有信件），不过花了 1200 元，这个价钱也太离谱了，所以决定放弃购买。

2009年1月，北京奥运会已经开过，正遇世界金融危机。古玩行呈奇怪态势。好东西依然坚挺，价格稳中有涨，中下等的行货、普通品却有行无市，价格不减但成交减少。

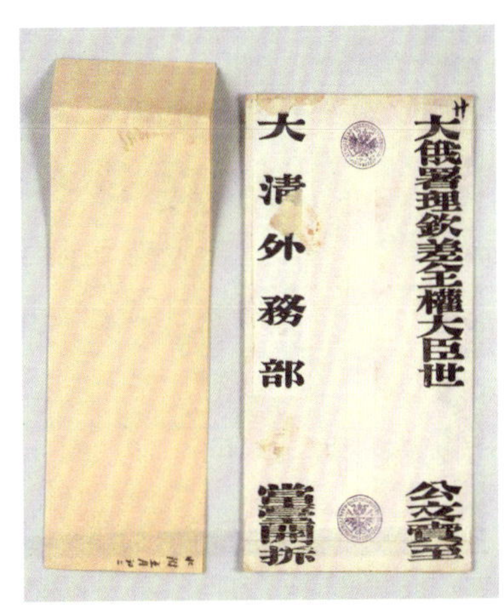

沙俄致大清外务部照会官封

这时刘勇兄已经换了店面，琉璃厂海王村改造后，环境还不错，但租金涨了不少，他换到一间坐北朝南、面朝院子的店堂。正值有人有两札奏本，刘勇兄介绍给我，希望我买下。当时正是新年，也应给刘勇兄开个张才是。刘勇兄拿出一些东西，那个官封还在，我说起上次没注意，这封俄文信有签字没有？刘勇兄说："有啊！既有日期，又有签字。"我取出信札展开来，果然见左上角有1910年某月26日的俄文签名。我问："信里面说的是什么？"刘勇兄说："我不懂俄语，不知道。"我想起家父曾留学苏联5年，一定能读通。请刘勇兄让一下价钱。刘勇兄最后降了2000元，以8000元购得。

买回来发现信封上大清外务部这张字纸是后贴上去的，原信封印的字迹依稀可辨，有"军机大臣管理外务部事务和硕庆亲王"。看来宣统二年外务部堂官不再是庆王爷了。

家父看了一下官封说："这两个紫色印章是帝俄的双头鹰国徽，周围的小字是'大俄国驻北京公使馆'。"又将封内信纸展开说是老打字

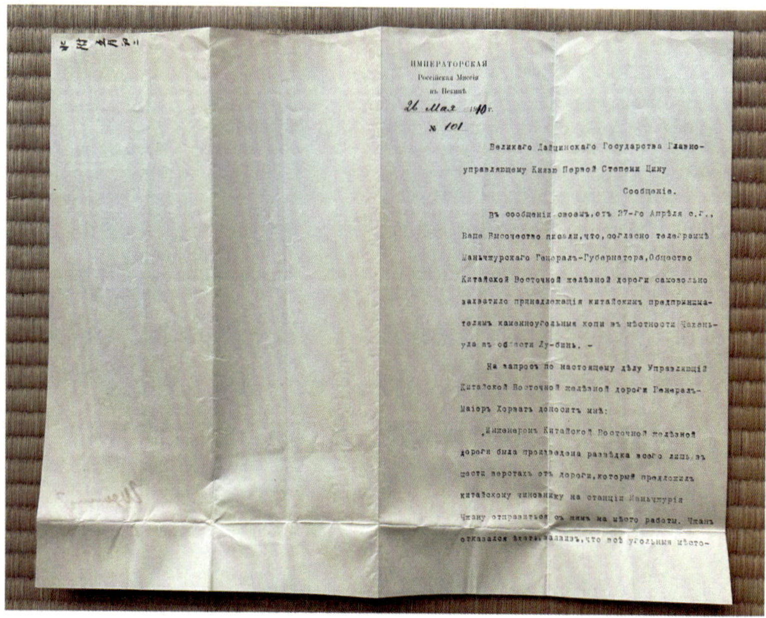

ИМПЕРАТОРСКАЯ
Россійская Миссія
въ Пекинѣ

26 Мая 1910 г.
№ 101

Великаго Дайцинскаго Государства Главноуправляющему Князю Первой Степени Цину

Сообщеніе.

Въ сообщеніи своемъ, отъ 27-го Апрѣля с. г., Ваше Высочество писали, что, согласно телеграммѣ Маньчжурскаго Генералъ-Губернатора, Общество Китайской Восточной желѣзной дороги самовольно захватило принадлежащія китайскимъ предпринимателямъ каменноугольныя копи въ мѣстности Чахань-ула въ области Лу-бинь. –

На запросъ по настоящему дѣлу Управляющій Китайской Восточной желѣзной дороги Генералъ-Маіоръ Хорватъ доноситъ мнѣ:

„Инженеромъ Китайской Восточной желѣзной дороги была произведена развѣдка всего лишь въ шести верстахъ отъ дороги, который предложилъ китайскому чиновнику на станціи Маньчжурія Чжану отправиться съ нимъ на мѣсто работы. Чжанъ отказался отъ этого, заявивъ, что всѣ угольныя мѣсто-

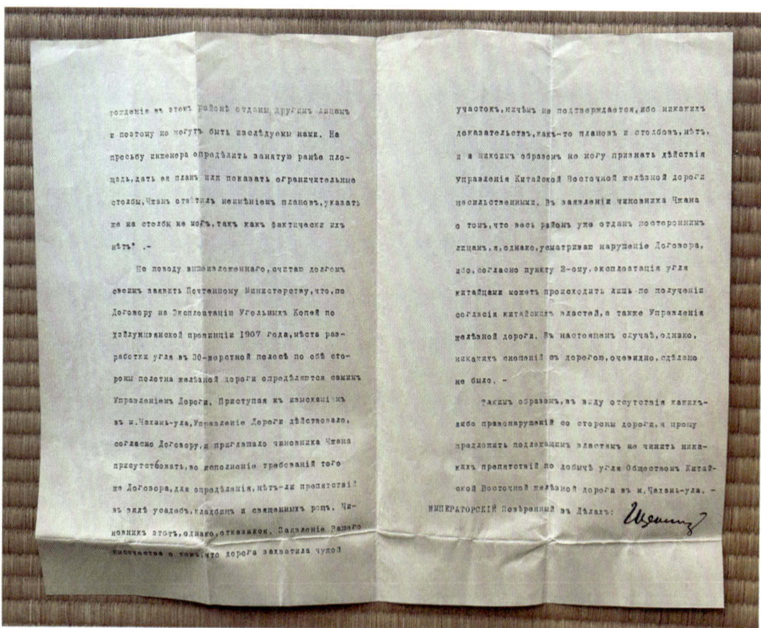

рожденія въ этомъ районѣ отданы другимъ лицамъ и поэтому не могутъ быть изслѣдуемы нами. На просьбу инженера опредѣлить занятую ранѣе площадь, дать ея планъ или показать ограничительные столбы, Чжанъ отвѣтилъ неимѣніемъ плановъ, указать же на столбы не могъ, такъ какъ фактически ихъ нѣтъ" .–

По поводу вышеизложеннаго, считаю долгомъ своимъ заявить Почтенному Министерству, что, по Договору на Эксплоатацію Угольныхъ Копей по Хэйлунцзянской провинціи 1907 года, мѣста разработки угля въ 30-верстной полосѣ по обѣ стороны полотна желѣзной дороги опредѣляются самимъ Управленіемъ Дороги. Приступая къ изысканіямъ въ м. Чахань-ула, Управленіе Дороги дѣйствовало, согласно Договору, и приглашало чиновника Чжана присутствовать, во исполненіе требованій того же Договора, для опредѣленія, нѣтъ-ли препятствій въ видѣ усадебъ, кладбищъ и священныхъ рощъ. Чиновникъ этотъ, однако, отказался. Заявленіе Вашего Высочества о томъ, что дорога захватила чужой участокъ, ничѣмъ не подтверждается, ибо никакихъ доказательствъ, какъ-то плановъ и столбовъ, нѣтъ, и я никоимъ образомъ не могу признать дѣйствія управленія Китайской Восточной желѣзной дороги насильственными. Въ заявленіи чиновника Чжана о томъ, что весь районъ уже отданъ постороннимъ лицамъ, я, однако, усматриваю нарушеніе Договора, ибо, согласно пункту 2-ому, эксплоатація угля китайцами можетъ происходить лишь по полученіи согласія китайскихъ властей, а также Управленія желѣзной дороги. Въ настоящемъ случаѣ, однако, никакихъ сношеній съ дорогою, очевидно, сдѣлано не было. –

Такимъ образомъ, въ виду отсутствія какихъ-либо правонарушеній со стороны дороги, я прошу предложить подлежащимъ властямъ не чинить никакихъ препятствій по добычѣ угля Обществомъ Китайской Восточной желѣзной дороги въ м. Чахань-ула. –

ИМПЕРАТОРСКІЙ Повѣренный въ Дѣлахъ: Щекинъ

沙俄致大清外务部照会

机打出的古体俄文，签名是手签的。再仔细看了一会儿，告诉我这是一封关于矿产的外交照会。我请他全文翻译，他迟疑了一下，说："古体俄文有些不同，我尽量吧。"他用了几十分钟翻译好了，但出于自然科学家的认真，又请我大姨夫再翻译一次，二者对照修改。我大姨夫早年也曾在苏联留学，回国后在语言学院教俄语，后来在外交部工作。他应该对外交词汇更精通些。

两位长辈研究翻译的照会内容如下：

帝俄驻北京使团

1910 年 5 月 26 日

101 号

致大清国一等公照会

殿下于今年 4 月 27 通报中称，据满洲巡抚电报，中东铁路集团擅自占据中国企业主位于鲁宾州恰汗乌尔地区的矿场。

中东铁路总办霍尔瓦特少将就此案向我报告称：中东铁路工程师在距铁路 6 俄里处进行了勘探，曾建议满洲里车站的中国官员张先生与他同赴工作地点。张先生拒绝前往，并称该地区所有矿场已转让他人，因此我们不能勘探。对工程师要求确定此前被占地域，交出规划、指出界桩。张先生答称：没有规划，也无法指出界桩。因为它们实际上并不存在。

鉴于上述，我认为有义务向贵部声明：按照 1907 年开发黑龙江省矿场的条约，路基两侧各 30 俄里采矿地域由铁路管理部门自定。铁路管理部门按照条约在恰汗乌尔开始勘探，并邀请官员张先生出席，以完成上述条约要求，确定有无庄园、坟墓及圣林等障碍物。但官员对此予以拒绝。殿下关于铁路占用他人地域的说法无任何依据，因无规划、界桩等任何证据，故绝不能承认中东铁路管理局的行为是强制的。张官员称整个地域已转让他人，我认为此乃破坏条约，因为按照条约第二款：中国人只有征得中国当局及铁路管理局的同意方能采煤。显然此举未与铁路方面进行任何沟通。

因此，鉴于路方无任何违法行为，我提请有关当局对中东铁路集团在恰汗乌尔地区采矿不要设置任何障碍。

帝国代办（签字）

从照会上看所投递的对象是大清国一等公载泽。载泽是宗室，生于 1876 年，死于 1928 年。其曾祖父是嘉庆皇帝，祖父是“老五太爷”惠亲王，福晋（夫人）是慈禧太后的弟弟（三等承恩公桂祥）的大女儿，桂祥二女儿就是光绪皇后。也就是说，他是光绪皇帝的连襟。

载泽于光绪三年（1877）为辅国公，光绪二十年晋镇国公，光绪二十七年任正蓝旗副都统，光绪三十一年作为出使各国考察政治五大臣首席。离京时被革命党人吴越用炸弹炸伤，延期赴日本、欧洲、美国考察，回国后奏请改行君主立宪政体。光绪三十三年任度支部尚书，光绪三十四年加贝子爵，宣统元年（1909）任筹办海军事务大臣，督办盐政大臣，宣统二年充纂拟宪法大臣代庆亲王管理外务部，宣统三年任皇族内阁度支部大臣。俄国没有加贝子爵的相应爵位，所以称为一等公爵阁下。

1896 年 6 月 3 日，清威毅伯李鸿章前往圣彼得堡参加沙皇尼古拉

二世加冕典礼，并与沙俄政府签订了《中俄御敌互相援助条约》，简称《中俄密约》。李鸿章因为国力不振，经营多年的海军——北洋水师在甲午（1894）中日战争中全军覆灭，所以幻想以夷制夷，利用沙俄来对抗日本的侵犯。一群羊为了不被狼攻击，请虎来保护，那才是痴人说梦。沙俄对中国东北地区垂涎已久，这次订约使侵略者的幻想成为现实。密约签订后，中东铁路（干线从满洲里到绥芬河，支线从哈尔滨到大连）就在沙俄侵华阴谋中诞生了。

李鸿章虽是搞洋务出身，但遇到深通外交事务的俄国人，只能被玩弄于股掌之中。甚至到临签字前，俄国人还要加入更多的条款，他们请李鸿章在签字前吃大餐，趁这个时间又补打印了新的条款，待李鸿章酒足饭饱后，也不再仔细看加了内容的条款，提笔就签。事后，俄国人奉送李鸿章一笔金卢布，李爵爷十分高兴，认为于国家（大清）、集体（淮系集团）、个人（李鸿章本人）都得了好处。

自 1897 年 8 月 27 日中东铁路正式破土动工，铁路以哈尔滨为中心，分别向东西南三个方向延伸，《中俄密约》规定，清政府允许沙俄修筑中东铁路，铁路采用与沙俄境内 1520 米相同的铁轨，由中国以 500 万两白银入股，与沙俄道胜银行合作，所有盈利按股分红。但 1897 年 12 月俄方突然单方面颁布“东省铁路章程”，章程中未经中方同意就将中方的所有权益剥夺殆尽。

1900 年 7 月，中国义和团运动波及东北，沙俄认为时机到了，为了侵占中国领土，沙皇尼古拉二世亲自出任总司令，带领俄陆军 17.5 万人编成五个军，分六路进攻中国东北，7 月底至 8 月沙俄军队打败边防清军占领了整个东北地区。

随着八国联军攻占北京，慈禧太后携光绪帝简装西逃。由李鸿章主持对列强的议和，沙俄代表硬充好人，全力支持李鸿章的议和行动，千辛万苦将列强安抚下来，订下庚子赔款后，列强各国撤兵回国，唯有沙俄迟迟不撤军，企图长期霸占中国东北。直到这时，李鸿章才终于看清了“老朋友”的嘴脸，知道俄国人的钱不是好拿的。李鸿章搞洋务半生，却被沙俄玩弄，落了个“与虎谋皮”的下场。李鸿章惊恐交集，忧患交加，竟一命呜呼了。

沙俄1902年在霍勒金布拉格建立火车站，俄国人用俄语称这个火车站为“满洲里亚”，意思是“从此进入中国的满洲地区”。以后这个城市也以此车站为名，称为“满洲里”。1903年中东铁路通车，沙俄又征占铁路周边的大量土地。

日本对满洲地区的贪求以及对沙俄独占中国东北的怨恨，导致1904年2月10日日俄战争爆发。日本第三军登陆后由乃木希典（日陆军大将）指挥，海军则由东乡平八郎（日海军元帅）指挥全部出动。经过一年苦战，俄军战败，陆军退回本国，海军远东舰队大部被歼，波罗的海舰队全数被歼。同时日本陆军也伤亡极大，士兵大幅减员，无力追击俄军，于是美国出面调停，日本人就坡下驴，同意和谈。在美国朴次茅斯会谈时，俄方外交高手（以前捉弄李鸿章者）竟立场强硬，寸土必争。日本代表讥讽说：“听阁下的语气，仿佛你们是战胜国呢。”俄方代表马上回击：“帝俄只是失去了一点殖民地，根本没有战败国，也没有战胜国。”日本因国力消耗巨大，没有力量再和

沙俄继续作战，接受了和约，只拿到了中东铁路支线的一部分。《朴次茅斯和约》签订后，日本国民大哗，甚至在国内引发民众暴乱。此后，沙俄对中东铁路及周边附属地进行沙俄法律管辖，将这些地方变成国中之国的租界地（但不付大清政府租金）。

从照会的内容看出，沙俄竟将铁路周围的矿区进行勘测，企图据为己有。清政府抗议后，沙俄还振振有词，反而挑清政府的毛病，最后结论居然是由于你们违约，所以我们就将所有矿产都开采了，真是强盗逻辑。事实上当年（1910）12 月 19 日据黑龙江省铁路交涉总局报告，沙俄中东铁路公司已将札赉诺尔煤矿改为商办，包给俄国工头斯奇选。

同年夏天，12 岁的周恩来跟随伯父到东北奉天（今沈阳），先在铁岭银岗书院读了半年书，后转入奉天关东模范学堂读书。就读期间，周恩来目睹中国的弱势，帝俄、帝日两个强邻对中国东北的逼迫，写了一篇题为《国家将来艰巨之责任》的作文，收录在《奉天教育品展览会国文成绩》一书中。为纪念在东北地区的所见所闻，周恩来后来曾写下“险夷不变应尝胆，道义争担敢自肩”的诗句。

1914 年，28 岁的蒋介石带领助手丁景染搭中东铁路列车从大连到长春，再到哈尔滨、齐齐哈尔、满洲里等地，然后原路返回。这次中东铁路之行，是奉孙中山先生之命，考察和寻找关外革命力量的。

中华人民共和国成立后，中国政府从苏联政府手中接收了中东铁路。

看了这篇沙俄强硬的外交照会，更深刻体会了周恩来总理的一句话：“弱国无外交。”

第二十一章

明代金质财神鼠及云南大理国金质佛像首珠佩

2007 年 7 月，适逢我和太太结婚 20 周年，我们决定和家人一起去云南昆明、大理、丽江旅游观光，以兹纪念。我们先到北京，咨询了几位古玩同好，他们告诉我昆明有几个古玩市场，那里的杂项价格不贵，种类也很多。大理古城有些明清的东西，丽江则因旅游，商业化太重，基本没什么真正古玩。为了行动方便，我们决定不随旅游团走，而采取自由度更大的自助游方式。

乘飞机到达昆明，第二天到石林游玩，是和酒店签约的旅游散客团。石林虽然很美，但很多时间都被临时导游拉去买玉、买茶叶……

共去了三家商店。我不大懂茶叶，但商店里的玉，全是新的缅甸翠玉，虽然不是酸洗的B货、加色的C货，但都是A货里的次品货，质量极差，却要价极高。这种东西在北京比比皆是，价格不及这里的几十分之一。导游给大家上课说云南有四大国际性通道，分四种颜色，分别为黑色信道、白色信道、黄色信道和绿色信道。黑色通道是指军火枪支，有从中国走私出去的，也有从越南、缅泰走私进大陆的；白色通道是毒品从金三角产地经云南进入中国和欧美；黄色通道是云南，自古产金，金子从产地流向大陆，越南及东南亚的产金国也经云南向中国输入黄金；绿色通道是指缅甸的特产翡翠，通过云南散入中国市场。

导游介绍这四条通道时夸大其词，其用意是要游客别错过机会，多买点黄金、翠玉。虽在批发市场还可能看见好货，但在旅游景点想见到物美价廉的东西，说一个字：难；说两个字：不能。

看来导游虽不要小费，但商店给的人头费（带进一个客人，给导游一份钱）和购物提成才是导游的真正收入。我们除了买一些食品、小对象外，自然是不会买一块玉。当晚吃到了平生最好吃的蘑菇之一——新鲜的鸡枞菌。

家人去民族文化村和滇池游玩，我单独行动。先前已经打听到有两处古玩市场离我们下榻的酒店不远，步行就可以去。我上午先去了云南省博物馆，因为要买云南的东西，先要对当地文物史有个感性认知；如果直接去市场，即使能辨别真伪、新老，但年代、文化、档次就不可能很清楚。

云南博物馆分三层，第一层是人画展，我没有丝毫兴趣，直接上第二层；第二层是古滇国文化，时间是战国至汉代的文化期，金属铸造登峰造极，特别是青铜铸造与中原文化大为不同，具有代表性的是滇文化的青铜动物、青铜牌饰、青铜贮贝器。贮贝器是一种随葬青铜器，里面装满当时的货币——贝壳，铸造极精美，上面立铸古滇国人的生活、祭祀、狩猎、战争。考古学家称为贮贝器，我认为应称为铜祭匵，或铜祭鼓，因为贮贝器听起来就像海鲜饭馆的冰箱。铜器里还有兵器，主要是矛和短剑，以及一种像护心镜一样的铜牌饰。金器在云南滇文化中常有发现，但一般制作简单。玉器是该文化的弱项，很多串饰及镶在青铜上的都是玛瑙，连出土的滇国国王的玉匣（金缕玉衣）上面很多玉片都是由中原地区祭坑玉璧残破后改成的。第三层的东西不多，有南诏国和大理国的一些文物，有一些金铜佛像和金器，没什么玉器和铜器，另外就是明清时期的铜雕和牙雕等物了。

参观完博物馆，给大脑充了电，收集了知识，就该去实干了。我先去那个离酒店稍远的古玩市场。步行 20 分钟就到了。这个市场不大，两层的小楼，每个铺面也都不大，通道和楼梯很曲折，很有点迷宫的感觉。我粗粗转了一圈，没发现什么出彩的东西，有真有假，真品的档次也不太高。我决定再转一圈就离开。刚上二楼，又发现一个向左的通道，旁边有两三家小店。其中有一家柜台里摆着一盒鎏金首饰，大多是清朝的，做工精良，还有一些银鎏金带点翠的。点翠是在清代诰命夫人凤冠上用翠鸟毛粘在金的或银镀金的首饰上。这些东西介于官家与民俗之间，买不买两可。

在几支点翠头饰旁边我看见了一只鎏金老鼠，长尾弯曲，表情可爱，风格与其他首饰不同。我故意指东打西地问店主："这支点翠的头饰要多少钱？"店主是个青年男子，他身边坐着个少妇，像是他太太。青年回答："这是成盒卖的，如果单卖要高一些。"我又重复一句："单买这支要多少钱？"他回答："1500 元。"我马上说："这么贵。"接着又指向我想要的鎏金老鼠说："那这一件呢？"店主说："1200 元。"我一听，没出谱，但嘴上说："也不便宜呀。我拿出来看看成吗？"他打开盒子，我伸手拿起，不禁心里一惊，怎么这么打手（重的意思）？银子可没这个分量。店主还一个劲介绍："你看这神态，这鎏金的金水多足多厚！"我一边翻过来看，一边问："是银鎏金，还是铜鎏金？"他连忙回答："当然是银鎏金。"一面指着我刚翻过的老鼠腹部的一块银色斑痕，说："你看，不是银的是什么。"我定睛一看不禁好笑起来，什么银斑，分明是一块焊锡的锡斑。这说明这只老鼠不是独立体，曾经焊在某件东西上。我用手握住老鼠，怕放回盘中，店主一拿就不妙了，对店主说："造型不错，但不一定是独立件，器形也小一些。这样吧，我给你 100 美元，你能卖就卖，不能卖的话，等我下回来云南再说。"店主意犹未尽，又不愿放过机会，谁知道我下回来云南是猴年马月？他回头问太太意见，太太抬头看了一眼，说："卖！"我心里一块石头落了地，马上掏出一张百元美金，一面信誓旦旦地保证美元肯定是真币，一面向店主讨要一张报纸，自己包起来。不敢让店主代包。塞进裤兜一溜烟走了。恐怕还有反复，直接走出这个古玩市场，心里还想：云南真是出沙金的地方，金子当银子卖。一路走还不时伸

明代金质财神鼠

手摸摸裤子口袋，嗯，沉沉的很有存在感。

第二个古玩市场离住的酒店很近，是个大的花鸟鱼市，九大溜平房和一座楼房，平房卖花鸟鱼虫，楼房一层卖仿古家具，二层卖奇石山景，三层卖古玩杂项。我直接上三楼，那里有不少东西，但是行货多，有特色的少。鸦片烟具很多，但没什么特好的。我挑了半天，挑了一只紫砂白砂双色鸦片烟斗，特色是用深色紫砂烧出一句诗来——古画奇书莫论价，落款是“同书”。不知是不是清代名臣书法家梁同书的华文妙笔被嫁接到烟斗上了，这件东西总算有点地方色彩。又走

了半圈，发现一家店铺东西不错，而且都是真的，有木器、衣服、铜器等。我看见一只八棱空心金珠子，有橄榄大小，做工利落美观。我请主人拿出看看，他拿了出来，说是唐宋的东西，应是南诏或大理国的制品。东西不错，但铸造时有一个砂眼。我问："这件有点毛病，有没毛病的吗？"主人30多岁，文质彬彬，笑着对我说："昨天刚从乡下收到一件。"说完又拿出一件空心金珠。造型像一个佛头，长面深目，头上有发髻，还有八字小胡，也像橄榄大小。我问要多少钱，他说："八棱形的1500元，佛首形的2500元。"我问他："你认为是佛首还是人首？"他回答说他是本地人，也做点古玩生意，经手了一些这样的珠子，认为应该是大理国王或王

云南大理国金质佛像首珠佩

云南大理国金质佛像首珠佩

子自己的像，因为大理国很多国王和王子出家，崇圣寺（位于云南省大理市）历史上就有九位大理皇帝在此出家，所以铸成僧装。我很喜欢这只佛珠，也不知该值多少钱，但他要的价钱不离谱，就买下了。其他东西没什么可买，再转转就回了酒店。

第二天去了大理，古城生活节奏很慢，有一些古玩店，但基本没有南诏国、大理国的古玩，买了几块老翠玉也是清代的。过了两天去丽江，也住在古城里，但里面商业气氛很浓，所售的工艺品全是仿制的，没什么老物件。和家里人去了趟玉龙雪山，75 岁的岳父没觉得什么不适，我却在海拔 4560 米时，感到头昏、头疼，应该是平常太缺少锻炼所致。

回到北京，几个古玩界朋友给我接风，我出示了我买来的这两件小东西。一个朋友接过老鼠，用手一颠，说金子成色应该在八成到九成，是明晚期的东西。我告诉他们，我认为是蒙藏佛教的财神像，手中捧着代表财富的金鼠。他们同意，并估价说，4000 多元都值。如

果金财神在，东西完整，能值近百万元。另一个专门经营串珠的老大哥，拿过佛珠说："这造型是唐，做工不晚于宋。你要卖多少不管，买价准不少于2万元。"我笑着告诉他们我是多少钱买的，看他们的表情，恐怕恨不能第二天就飞去云南。

云南和北京古金器的差价居然这么大，如果我按北京的价格卖出的话，赚出的部分足够我们全家这次去旅游的费用了。

想起大学时期看过金庸的武侠小说《天龙八部》。这只佛珠头像很可能是大理段家哪位皇帝或皇子的。说不定就是段正明、段正淳或段誉的面容。我要是练"一阳指"或"六脉神剑"，脖子上戴着这个金像珠，练功大概也能事半功倍。哈哈！

第二十二章

清代御营前锋营甲兵出入紫禁城木质腰牌

2008年年底，受到世界性金融危机的影响，北京古玩行也比较萧条。虽然未见古玩行市有所下降，但人气远不如一年前。我到琉璃厂的一些古玩店看，基本没什么生意，店主们有的侃大山（聊天），有的斗地主（一种纸牌游戏）。我刚买到一张宫廷用织锦桌罩，想拿去给开古玩店的张先生看看。

张先生入行较晚，但智商高而且很勤奋，能跑能问，在大批古玩商卖新货的时候，还是坚持买卖老货。我以前一直不买他的东西，这是因为二十世纪九十年代中期，张先生刚开始干古玩时，有一天我

到他的店中，他拿给我看了一只镶铜旱烟杆。这种民俗的东西一般我也不要，但这只旱烟杆还是挺有特色，整体做成关公的青龙偃月刀样子，刀背上有一个烟袋锅子。看来是清代绿林或侠义好汉用的旱烟杆与兵刃的合体物件。我拿在手里仔细看，问张先生是多少钱买的，想卖多少钱，他说几百元钱买的，加点就卖。我说你这烟锅子是后修的吧。他惊异道："你怎么知道的？"我说修得不错，但破绽在于你安的是一个普通烟锅子，这只烟杆是关圣的青龙偃月刀，烟锅一定是刀背上那枚大红缨子，你重新改改，改回来我要。过了两周他把我叫到他店里，拿出那只关刀烟杆，烟锅改成刀缨状，与整个关刀浑然一体，的确改得不错，估计是申力的手艺。我说："行，多少钱？"张先生一笑："改完我心气挺高，你给 300 美元，要不就别要了，我卖别人去。"我想我又出主意，又包销，临了再被他捉个大头。我只得说："行，你卖别人吧！"出门后想，早知道自己买下来，请申力修，还不是一样的效果。因为这件事，一连五六年没买过张先生的东西，直到后来，对自己的偏激行为有了矫正，才和张先生恢复了交易，向他买过一些玉和玛瑙小件，也无什么出奇之物。

我把这次买的黑边黄地桌罩打开，他看后，问我多少钱买的，我实话告诉他是 500 美元，他马上问我卖不卖。见我摇头，他说他愿意以 15000 元人民币收购。我从没卖过东西给他，今天也不想破例。但他能看出这是皇家御用品，眼力也练得不错。他见我执意不肯，边折叠着边说："品相真好，颜色也正，连跳丝都没有。"

又聊了一会，他说现在东西不好碰，碰到了也很贵之类的话。他忽然想起一件事："说起宫中用品，最近我还真看见点东西，是从日本回流的，是一件入宫的腰牌，可惜是柴木的，上面烙着字。说是4000元买的，我觉得值不了什么钱，给他还价1500元，他不卖。"我一听宫牌，有了兴趣，问："是颁给苏拉（清宫中的低等杂役，非太监）的，笔帖式的，还是给护军的？"他说："好像是给当兵的，你如想要，我给你问问，你出多少钱？"我怕他报账有水分，但给少了，话也圆不上来，于是说给4000元。

2009年1月2日，北京大学出版社将我写的那本《古泽初霑》印出，有几百本样书要我去接收，正忙时，张先生打电话给我，说腰牌已经买到，让我到店里去拿。我先是到家接收了书，接着就打车回奔南城琉璃厂，可到了他的店前，已是人去门锁，打电话给他，他说有事等不及了，我只好说以后再拿。心里很是郁闷，怕夜长梦多。第二天仍是锁门，直到第三天，才看到他开门做生意。我走进店中，张先生正和人说话，见到我，一边和别人继续说话，一边取出牌子。我打眼一看，形制对，品相也好，东西连接都没接，就直接点钱。张先生见我如此痛快，感觉卖少了，要我给他再加些钱，我一边给他折美元，一边说："说好的价，不能打爬（指

清代御林军入宫腰牌及宫门钥匙牌

说话不算话）。”张先生说：“怎么也多给我两条烟钱吧。”我按价折算好美元，放在他眼前，拿起牌子就走，说：“已经多给了点。”他见我真拿走了，骂了一句，也就算了。

这块腰牌是枣木的，很坚硬，很完整。一面是用铁器制模，烙着“腰牌，内务府颁发”几个字以及满文篆体的内务府大印。另一面贴了一张厚纸，在纸上用毛笔楷书写着“左翼，光绪十五年颁发，厢黄满松寿佐领下招募步甲高百得，年二十四岁，身中，面黄无须”。也就是说，这个腰牌是由内务府在光绪十五年（1889）给一名御林士兵颁发的，这名士兵隶属左翼厢黄旗满洲佐领属下，为步兵，名叫高百得，该人 24 岁，中等身材，黄脸，没有胡须。

清代御林军入宫腰牌（左、中图）及宫门钥匙牌（右图）

记得老舍先生在自传式长篇小说《正红旗下》曾描写父亲是一名负责城门保卫的士兵。老舍曾在小时候见到父亲出入皇城（紫禁城）的腰牌，上面有面黄、无须等字样。老舍大姐的婆婆曾嘲讽地对他大姐说："你爸爸不过是三两银子的马甲（骑兵）。"这只腰牌的主人高百得先生是步甲，隶属左翼，那么一定是前锋营的士兵了。大清御林军成编制的有三大营：前锋营、护军营、神机营，其中紫禁城的守卫工作主要由护军营担任。皇帝出行巡狩的保卫工作由前锋营、神机营和少数护军营官兵担任。每座宫门同时由护军营上三旗（正黄、厢黄、正白三旗）的满人官兵担任。所以每座门都有前锋营佐领及护军营佐领（就是有官兵造反也有牵制力量）。

为什么说高百得是前锋营的呢？因为前锋营分左右翼，而护军营在康熙以后只分八旗，不分左右翼了，因此高百得只能是前锋营的。前锋营于乾隆十三年建立，隶属内务府，直接听命于皇帝，负责宫门守卫及扈从等事。左翼由厢黄、正白、厢白、正蓝四旗官兵组成，右翼由正黄、正红、厢红、厢蓝旗官兵组成，为满蒙八旗精锐特种军编制，共1770人。

清康熙时定制前锋营、护军营的马甲每月三两银子，步甲每月一两五钱银子。光绪时，醇亲王曾给旗兵加饷，御林步甲顶多有每月二两银子俸禄，当然旗兵春秋两季发米，禁军到了过年、皇太后和皇帝万寿出巡等庆典日，可能会有点恩俸。

大清御林军应该全用满人，怎么会用一个姓高的汉人？有三种可能：一是松寿部队因为满人太懒散而招募的汉人，但这种说法有碍大清祖制，可能性很小；二是松寿厢黄旗满洲军招募的本旗汉军，但汉军虽在旗，也不能担负紫禁城的重任，因此可能性也不大；三是高百得先生原是满人，后其祖先或本人改为汉姓。雍正、乾隆时期有满人

受汉文化影响，将名字改成汉姓，雍正、乾隆皇帝曾下旨严禁；到了道光、咸丰时期，整个驻防广州的旗兵旗将中竟找不到一人会认识满文的。同治、光绪之后，随着湘军、淮军的兴起，满洲旗兵的战斗力如同儿戏，更多的旗人改为汉姓，如宗室爱新觉罗改姓金，满贵族他他拉氏改姓唐或谭，乌拉氏改姓乌，瓜尔佳氏改姓高等。而清朝廷禁已不能禁，只好听之任之，以表示“满汉一家”。这种可能性最大。

据老舍讲，他的父亲在皇城服役多年，最后在 1900 年义和团运动时，与八国联军激战，在守卫皇城的战斗中受重伤，未等逃回家，就因为伤重而亡。也许老舍的父亲认识这块腰牌的主人高百得先生。

我以前还看到过厢黄旗护军所出的路条，给临时进宫的工匠、商人、伶人等。“厢”字有时也写成“镶”，实际是满语，侧的意思。两黄旗最早由太宗皇帝皇太极自己率领，后正白旗旗主摄政王多尔衮获罪后也被天子收回，所以上三旗的旗主就是皇帝，清末前锋营和护军营宫门禁守多为厢黄旗将士，其原因是慈禧太后封太后时抬旗进的就是厢黄旗。

这块牌子字迹清楚，没有缺损，连绳子都在。我还是很感激张先生的。他后来见到我还是有点不平衡，说：“你说已经给多了点，我到银行一兑换，才多了 40 元。”我笑着说买两条“都宝”（一种香烟）正好够了。这句话，把张先生气得直咧嘴，他说：“我不抽那种烟。”

第二十三章

金门酒厂制蒋介石祝寿酒

2008年11月，我在美国的家中接到一个电话，是一个名叫邱宁的朋友打来的。他人正在纽约，是纽约一家拍卖行请他帮助主持一场拍品有中国古玩的拍卖会。他告诉我，有个人拿了两瓶酒来卖，他不懂酒，问我要不要。我心里想，我们全家从来烟酒不沾，还买什么酒呢。他又说，这两瓶是金门酒厂送给蒋介石的祝寿酒，上面有“总统八秩晋四及八秩晋六”的字样，也就是为蒋介石84岁及86岁诞辰所制作的。我说：“那就是六十年代末七十年代初的样子。”他果然在八秩晋六的包装盒上找到“中华民国六十一年十月三十一日”字样。就

表明这两瓶酒一瓶是1972年制作，另一瓶是1970年制作的。

我问卖价多少，他说卖家要1000美元一瓶，可以还价。我说30年的茅台酒也只几千元人民币，给他400美元一瓶吧。邱宁先生说行，他问问卖家。说完就挂了电话。等了许久，也没再听到回话，看来卖家是不肯便宜出卖。

周末晚上，邱宁先生打电话来，告诉我他已经回到得克萨斯，酒也已经买到，让我去取。我立即开车去找他。见面后，他边取酒边告诉我，这两瓶酒，一共花了700美元，但有一瓶在飞机场过安全检查时，被警察打开了，托运时洒了一些。我看这两瓶一大一小，大的一瓶封盖被启开，盖子的碎片还都在，里面有一个软木塞，因打开后木塞没有塞紧，托运时，瓶子倒了，一部分酒流出来，全吸到厚纸板所制的盒子里了，纸盒一拿出来，酒香扑鼻，就连我这个不喝酒的人，也闻出那醇厚的香味沁人心脾。邱宁先生有点不好意思地说：“要不这一瓶打开的归我，你要一瓶得了。”我觉得人家大老远给我买回来，还要让人家承担意外，就太不讲究了。我

金门酒厂制蒋介石祝寿酒

连说没问题，开了 700 美元支票给他，道谢后拿上车。怕放在后备箱中，刹车或加速时，瓶子放不稳再将酒洒出来，只得放在副驾座上，用手扶着。我晚上开车本来就有点夜盲，加上一手要把方向盘，另一手还要扶着酒瓶，可谓一路风险开回了家。

金门酒厂制蒋介石祝寿酒

回家取酒仔细观看，大瓶红色包装盒，有该酒瓶的图样，并有“恭祝总统蒋公八秩晋四华诞，金门酒厂恭制”字样。纸盒因为吸进洒出来的酒，香味扑鼻。酒瓶为玉壶春样式，双耳大腹，两斤装（1000 毫升），瓶颈图案为紫色忍冬花，背面为中心团寿字，四周有三支八枚带叶寿桃，正面用赤金粉手绘“恭祝总统八秩晋四嵩寿，金门全体军民敬献”字样。双耳描金。

另一瓶包装纸盒也是红色，一面有该酒瓶的图样，另一面图案为

黄色梅形团寿，并有“恭祝总统八秩晋六华诞，金门酒厂恭制，中华民国六十一年十月三十一日”字样。酒瓶为霁蓝描金双耳四棱瓶样，一斤装（500 毫升）。正面中间是篆书描金大寿字，两边小字描金“恭祝总统八秩晋六嵩寿，金门全体军民敬献”字样，上下端为描金仿战国菱形图案。另外三面，每面有不同字样的篆书描金寿字三行，每行 11 个字。这样每面有 33 个寿字，这三面总共就有 99 个不同写法的寿字，加上正面的那个大寿字，整个酒瓶上共有 100 个描金寿字。可谓处处存寿。瓶底有描金款金门瓷器方印，小字描写英文“TAIWAN CHINA”（中国台湾）。

后来我问邱宁先生，卖给他酒的是中国人，还是美国人？他告

金门酒厂制蒋介石祝寿酒

诉我说是个中国人，他以前到纽约长岛孔令仪家做水电工程检修，在地下室发现这两瓶酒，便向主人询问，孔家并不在意，竟将这两瓶酒送给他，他舍不得喝，保存至今。现在美国经济不好，想用此换点钱花。孔令仪的父亲是孔祥熙，母亲是宋庆龄与宋美龄的姐姐宋霭龄。宋美龄曾经和孔令伟、孔令仪住在一起很长时间。

金门酒厂原名九龙江酒厂，位于金门城南门，1953 年建厂，至今已有 50 多年。金门属于大陆性气候，空气干燥，气温高，适合红高粱的生长，使用甘美的宝月神泉的泉水蒸馏酿酒。金门高粱一直是台湾的名酒，在美国市场上金门高粱卖得比茅台酒还贵。这种高粱蒸馏酒和北京的二锅头很像，酿出的酒是无色透明的。

金门酒厂每年为蒋介石祝寿而生产的酒瓶，是采用金门瓷厂的高档细瓷瓶，在选材、制作上完全采用传统标准和工艺，造型取材于故宫博物院珍藏的国宝重器官窑瓷器。所以有人称金门瓷厂为中国台湾现代官窑。

蒋介石每年寿诞都会收到大箱金门酒厂的贺寿高粱曲，但蒋介石一生烟酒不沾，只喝白开水。这些酒只用来招待国内外亲朋好友、重要访客，用量不多，少数得以保存。1975 年蒋介石病故，宋美龄则将其所有尽数搬往美国，定居在美国纽约长岛内侄女孔令仪、孔令伟家里。这两瓶酒也和其他物品一起运到纽约。后来孔令伟病故，宋美龄搬到美国东海岸。孔令仪对家里这些旧物极不重视，送人的送人，拍卖的拍卖。

这两瓶酒到今天也可算是古董酒了。灌瓶里的酒，一定用的是陈

年老酒，又放了38年，这两瓶酒的酒龄肯定超过40年了。可惜美国自“9·11”后，机场安检异常严格，液体更是禁携物品，所以那瓶两斤装的美酒，被洒出三成，还没人喝到，真是可惜。

我本想趁着开了盖，倒出一杯尝尝味道，但又一想，自己不懂酒，不会喝酒，也尝不出好坏来，喝了也是浪费，还是别糟蹋粮食了。取了一些固体蜡，用火烧软后将瓶盖重新封严，并用旧宣纸写了个封签，防止挥发走失，放置贮藏室中，等候有品位的杜康之徒品鉴。

第二十四章

清代赏用四喜玉扳指

以前并没有刻意收藏扳指，但随着玉器杂项的收集，这些年也积攒了几十枚扳指。其品质有白玉、黄玉、青玉、墨玉、碧玉、水晶、琉璃、虎骨、鹤顶红、沉香木等。在这些扳指里，有三枚青玉扳指，不是太抢眼，器型比较规范，上面阴雕着四个单喜字，却是出于大清内务府广储司造办处玉作坊工匠之手。清朝廷赏赐臣下自有定例，除了爵位、官秩、世职、黄马褂、花翎、蓝翎、巴图鲁称号、诰封等规定的封赏外，皇帝还根据自己的喜好赏给有功臣子一些御制文字、吃食、器具、玩物等。一般赐文官的有御笔书法匾额、时令食品、衣

料、文房用具、书籍等；赐给武官的有玉扳指、玉柄小刀（满洲形制的插有食用刀、牙筷的鲨鱼皮鞘刀具）、火镰、荷包（内装避暑、驱瘴药品）等，其中四喜玉扳指是首选。

清朝以马上得天下，尤重骑射。清初皇帝每年春秋两季都举行大规模狩猎。弓箭训练更是从士兵到皇子的必备科目。到了清末，几乎所有武将手上都有玉扳指，与其说是应用，不如说是炫耀。甚至连很多文官也戴上玉扳指，美其名曰“制怒”，因为发火时会猛拍桌案，戴上扳指就会戒掉这个习惯动作，以免毁物伤己。四喜玉扳指既有实用性，又有观赏性，还带有好口彩，如喜报得胜、连喜再捷、升官之喜等，所以皇家经常用四喜玉扳指赏赐那些特定时期的立功武将，比如剿捻时楚勇中的将官鲍超、李臣典，皖勇中的将官潘鼎新、刘铭传、郭松林等。但也有特例，这牵扯出一桩梨园旧事。

京戏在“同光十三绝”（同治、光绪年间十三位著名的戏曲演员）之后，到了光绪晚期，唱老生最有名望的艺人有三个，即谭叫天（谭鑫培）、汪大头（汪桂芬）和老乡亲（孙菊仙）。其中孙菊仙不是科班出身，虽然拜过程长庚（清代徽剧、京剧表演艺术大师）的门，但还是保持票友的身份，他还有一个与众不同的身份，曾当过武官。太平天国起义之后，孙菊仙投到僧王爱将陈国瑞的麾下，开始了从军之旅，后归属满臣英翰，在与太平军及捻军作战中负伤两次，积功获记名游击衔候补都司。清朝时游击将军是从三品的前程。战争结束后，撤裁兵勇，孙菊仙回到老家天津，坐吃山空，只得重操旧艺，下海唱了老生。他嗓子本钱好，聪明又会学习别家之长，到北京搭班后很快就红了，他的《三娘教子》《四进士》《完璧归赵》等孙派唱腔代表作到了今天还在延续。光绪十五年，选皇后典礼完成后，漱芳斋传旨开戏，内务府堂官立山是戏提调。立山是出了名的圆通豪阔，又非常懂戏，与京城所有戏剧名角私交都不错。他得知今天因为选皇后，太后和皇帝怄气，心情不好，所以在剧前挨个给各位名角道辛苦，请他们格外“卯上”（全力以赴的意思），多多捧场，情意后补。众人不负所望，个个使出绝活，唱得精彩迭出。《捉放曹》中扮陈宫的孙菊仙，一句“云遮月加闷雷，见一老丈在道旁”的唱腔，慈禧听得又惊又喜，把立山叫到面前，细问此人生平。立山马上将孙菊仙在英翰麾下当过游击衔的武巡捕、作战受过伤，后裁军时到上海公干，一时兴起唱了几场戏，被上司以有碍观瞻之罪参掉了功名，只能下海搭班唱戏等缘由奏给了太后。慈禧大感兴趣，这出戏结束让立山将孙菊仙带来问话，立山马上招呼孙菊仙卸装换衣，随他前去见驾。慈禧问过了他的师承和唱腔，话头一转：“你既然舍不得丢了的官职，我赏你个顶戴如何？”这下，连立山都惊着了，太后御口封赏，不是四品就是五品。和武官的品秩不同，特旨走的是文臣序列，清朝官职重文轻武，四品道员相当于今天省会市市长，五品知府相当于地级市市长。要是赏了个特旨道（皇帝直接任用的道员），发往别省，就是没有军机大臣的八行书（推

清代赏用四喜玉扳指

荐信），省里的督抚也得买账，虽说补缺不太可能，差使是一定有的。

立山赶快使眼色让孙菊仙行礼谢恩，不料孙菊仙却说："自问是什么人，哪里敢受太后赏的国之名器。"因为戏剧一行在明清时期都属于贱业，非但不能做官，连科举都不能参加。孙菊仙这话等于指责太后滥授官爵。立山如同五雷轰顶，站都站不住了，马上要跪下来陪孙菊仙一起叩罪。慈禧却一点儿没怪罪："你的话倒也说得实在，我赏你别的吧。"回头对当值太监总管说："赏孙菊仙四喜玉扳指一个，玉柄小刀子一把。"孙菊仙大喜过望，恭敬磕头谢赏。因为这两件东西

清代赏用四喜玉扳指

都是给作战有功的将官的赏赐，也是肯定了他以前的戎马功劳。

要说慈禧滥发名器，倒也委屈了她，慈禧一生最讲究赏罚分明，授官给下层人士的事情一生只两次，一次是赏孙菊仙，另一次是庚子逃难路上赏给怀来县令吴永的厨子周福六品顶戴。孙菊仙受赏后感恩一生，之后在内务府升平署（清朝掌管宫廷戏曲演出活动的机构）供奉了 16 年。

这三枚青玉四喜扳指全是厚肉小膛，我手指几乎都进不去，那是因为颁发时不知领受者指粗指细，索性制成小腔，如果真要佩戴，需要找玉工扩膛到合适尺码。事实上，皇家赏赐不是让你真用的，以黄马褂为例，赏赐黄马褂的臣子太多了，但赏穿黄马褂的臣子却凤毛麟角，每朝不过几人而已（如左宗棠、李鸿章）。现在清朝古装剧中，常见大臣和侍卫穿着黄马褂，拱卫在皇帝周围，那是与事实不符的。如得到四喜扳指，也是只能把它当成荣耀，逢年过节还得供在祖宗牌位前，叩首以谢天恩。死后讣告哀书上还能加上一条，御赐四喜玉扳指。所以一般这种扳指传世的都是不扩膛的。除非遇上鲍超那样的勇将，不识字也不论官场规矩，作战时顶戴花翎身穿黄马褂，拇指套御赏四喜扳指，带领盛装的全部佐官，骑在马上，华丽冲锋。

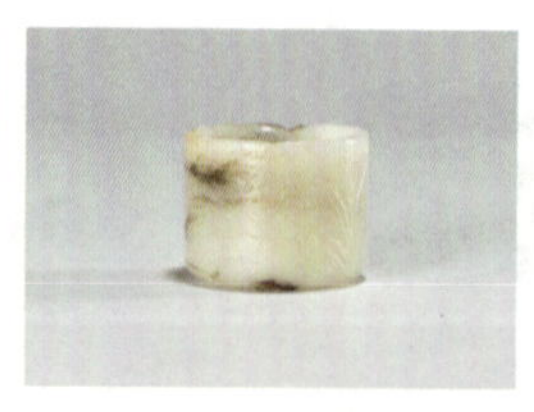
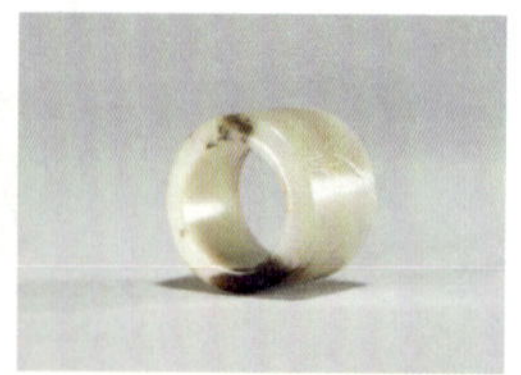

清代上用御制句白玉板指

这三枚扳指我是分别买到的，两枚在国内，一枚在美国，美国的那个古玩商没当什么好东西，低价出售给了我，国内郑贺先生卖给我也不贵，但转让后有句话：“你别太小看这东西，这也是官造。”郑贺先生从业虽不早，但悟性很高，即使不太知道四喜扳指渊源，但也能从扳指的规整、浅刻上找到官作感觉。他让给我的白玉御诗文扳指也是规范浅铊，有的字都有些模糊不清了，这种扳指可就不是赏赐用的，而是上用（御用）的了，可惜火燔（焚烧）过，原因以后再说。

第二十五章

核雕皇清职贡图番人像橄榄珠

我一直认为珠串类不算真正的古玩，当然朝珠及沉香类制品除外。现在核雕手串忽然非常抢手，有价值古旧的已不易找寻，新的一枚苏州工艺橄榄核雕都要价千元以上。2008 年拍卖行一串清代诗文松子就卖出百万高价。

先是有钱人手上戴上一串核雕，后来是中产阶级也戴，现在不少出租车司机也喜欢戴一串百多元的新菩提子手串或是桃核手串，堵车时，揉上几分钟，盘上几年，出了包浆，价格会成倍涨。就北京一地，核雕串和山核桃一样都成为大众的增值玩具，还有个漂亮名字叫文玩。

皇清职贡图番人像核雕

2011年年底，我到北京古玩城去转，看看有什么玉器俏货，可怜得很，目前古玩艺术品来源极少，稍看得上眼的东西都是天价，只能以观赏为主了。到了二楼焦俊广先生那里，看了几件玉器，虽是真品，但并非优品，又看了一些杂项，也并无什么可心的。后来焦先生拿出一个小锦盒，打开后露出如大粒花生米大小的四颗珠子，颜色极美，是属于甘草黄偏蜜蜡，属于竹木类够代的好颜色。拿到日趋近视的眼前聚焦观看，竟是四颗用坚果核雕成的人首。乍一看不像是中国人，两男两女。一男的豹鼻环眼，冠上装饰甚多，大扫眉，八字长胡，印堂刻双珠；另一男更是奇特，竟是双面人，一面朝前，一面朝后，鹰鼻凹眼阔口，发型极怪，发辫三股向前梳，在印堂处与两宽眉会并，五股结成一个结子。更奇特的是两张脸表情不相同，一张脸瞠目怒视，像是要打要杀似的，另一张脸笑容可掬，好像正在迎接贵宾。

皇清职贡图番人像核雕

女头像一个比较朴素，头发不长，自然梳分两旁，在脑后成髻，眉清目秀，像是年轻家庭主妇，但其发型既非满，亦非汉，也不是回、蒙、藏的式样，发型虽简单，但打磨极工，小小的双耳，还各有一个耳环孔，真是大工求素，大味必淡；另一颗女首雕得也不太繁复，宽鼻凸眼，发型是在头顶上盘成一个髻，有点像南方天竺佛装像。

我问焦先生，头像怎么不像中国人啊？是不是雕的洋人？会不会是回流的东西？焦先生说："我是从陕西买回的，那个地方怎会有国外回流货呀。"我说："东西倒是挺精的，可惜小了点。"我问他价钱，他

皇清职贡图番人像核雕

说：“我买就过万，你看着加吧。”我虽喜欢其独特性，但价格未免太高，这回只能放弃了。我将这几颗珠子，一颗颗不舍地往盒子里放，当放到那颗双面人首雕时，一个念头如闪电般地撞入脑海，这难道就是所谓的生番熟番吗？两年前我曾看过一本书，书名《皇清职贡图》，是清乾隆年编纂的，里面记录了几百个大清朝之外的民族，当时叫化外之人，里面绝大多数是奉大清为正溯，甚至为宗主，定期进贡的，里面有英吉利、法兰西、俄罗斯、日本、泰国、苗、僮、回、番……倒是全得很。每一民族有两张全身像，一男一女。这几颗珠子莫不就是吧。

我停下装回珠子的手，拿回又细看了看，用高倍放大镜看，工虽远看很细，但近看略粗，是手工工具锋利而不过于精巧，正是大清造办处的风格。我象征性地还了一下价，就按焦先生的要求付了钱。心中还有不甘，就问他，怎么才有四颗？另外还有吗？焦先生说，这四颗是人家穿玉佩当顶珠用的，我全摘来了，一个多余的也没有了。

出了古玩城，我第一时间奔新华街中国书店，请一位熟人在电脑里查那本《皇清职贡图》，幸好库里还有一本翻印的。我等了半小时，请他们从库里取出，买了这本书后，没等到家，在出租车上就迫不及待地打开寻找。由于是翻印的，图画不是很清楚，画工也比较简单，远不如核雕那么细致。但毫无疑问，这四颗就是上面的番人男妇。男的很像天竺番、泰和生番、熟番，女的则像苗女和瑶妇。

问过几位玩珠子的专家，这几颗坚果核是野生的小橄榄核，虽然种植传到中国已在清中晚期，一般的橄榄核雕都是清末民国的作品，但这种野生小型核可能早就贡入清廷，从色泽包浆做工来看，应该是乾隆造办处小器作的雕工。乾隆晚年之后，醉心于五福五寿十全老人的称谓，更看重自己的十大武功（十次大征伐），认为大清国是世界中心，理应万邦来朝，众夷奉贡，命造办处将重要外夷人首像雕成念

珠，念佛时计数把玩。一方面，智珠在握，化外夷人的首级都在自己手心之中；另一方面，可以知道那些人长成什么样子，免得乾隆大寿他们进贡时弄混了闹笑话。

那么这些珠子怎么散落民间呢？可能性就多了，我个人认为以下几种途径可能性最大。

第一，乾隆去世后，嘉庆皇帝将乾隆玩物全部封存，既表示尊重先皇，又以此示臣下，他不会玩物丧志。这些东西一封几百年，到了光绪、宣统年及逊位居宫时期，由于战乱、火灾、裁减内监等事件，会有太监或苏拉（宫中杂役）乘乱偷出宫去，流入民间。

第二，庚子年八国联军打进北京，占领了三海和紫禁城外宫（没有入内宫），外宫库房自然也落入其手，洋兵看重的是金银通货，金表、象牙制品，对竹木文玩不当回事，所以流散出去，并没带回西洋。

第三，在义和团运动下，八国联军急攻北京，解救教堂（正被甘军和义和拳民围攻），慈禧慌忙西逃，随身什么珍宝也不带，只有一些散碎银两，但可能带上这串念珠，因为它非金非玉不起眼，乱兵不会感兴趣，路上拿它念念佛，有点精神安慰。而且这一猛子不定扎到哪里去，没准出国逃难。这串珠子在手也能知道化外之人长什么样，等到一路辛苦到了西安，京城里庆亲王、李鸿章和洋人开始和谈，洋兵不会西出追杀了，这一块石头落了地。对那些护驾有功的大小臣工，如吴永、岑春暄等人给点体己的赏赐，也只有每人赏几颗这种造办处的念珠了。可巧，焦先生也是在西安买到的。

几位杂项专家都说，这是他们看到的最有趣的核雕珠子。

第二十六章
战汉时期金质桥梁币

2014 年，北京文玩珠串展销会在北京红桥古玩市场举行，我正好刚到北京，早上倒时差睡不着，就势赶早去市场看看。近 10 年来在中国古玩市场上基本上捡不着漏了，随着网络普及，大家古玩知识量呈井喷式增长，到处都呈现东西少，而懂的人多的景象。

到了会场，摆摊的人不算多，有一半的商家正在布展。按惯例，当然先看正布展的第一手货物，仍旧很失望。大部分都是新货，个别的中东人贩卖西亚珠子，也不是我的主体收藏。好不容易看到一个中国台湾商家有一些老象牙佩件，其中有一块明代牙牌子包浆和雕工都

不错，问了一下价钱，回答15万元，直接无语走开。这种牌子在10年前郑州文物交流会上才卖几千元钱。转了快一圈，最后发现了一摊回流杂物。摊主岁数不大，在西亚珠子旁边有一小堆金器，有波斯式印戒、中东金片等。我忽然看到一物露出一角像是中国古代图案抽象型龙首，得到货主允许后，直接从堆里抻出来，原来是一枚中国古代的双龙首桥梁币。我以前收集古币，见过类似的青铜桥梁币，可是金质的以前从没见过。我问货主这是什么东西，货主只是说从国外收集的，不知道干什么用的。这枚金桥梁币是锤打出的印制图案，包浆老熟，中间有被折过又复原的痕迹。图案是抽象双首角龙挂睛，身上传统卷云纹。真品无疑，我问这片价钱如何，他说金器按克买，这一片每克500元。不知为什么，中国古代金器在行里都是按称重论克交易的，甚至我在纽约文物交流会上，从一个在云南居住10年的美国小伙子手里，买了一枚汉代古滇国金手环，他也按中国传统以克论价。这枚桥梁币上了电子秤后，我象征性地还了还价。约6000元买下。走出市场时，遇见以前一块收藏钱币的朋友陆胖子，

战汉金质桥梁币

我给他看了这枚金币，他说桥梁币他见得太多了，而金质的这是头一回看见。

这种桥梁币又叫磬币，多出现在战国至汉初的墓葬之中，在古币市场上种类及数量都不算少，式样以兽首样及桥折样为主，普通品种一两百元可办。二十世纪九十年代，泉友张德岳曾转让给我一批返铜底兽首纹桥梁币，铜质精美可爱。

战汉各种青铜桥梁币及棘币

至于桥梁币到底是什么东西，专家学者莫衷一是。我个人见解是有以下几种可能。

第一，有学者认为这就是一种实用钱币，与战国流通的刀币、布币、贝币等都属于异型币。至于产地，有人认为是古代巴蜀国的货币。但我认为这种可能性基本不存在。因为这种桥梁币造型太随意，没有统一的货币标准，且地域分布广泛，铜料各地所用各异，而且单面范纹也不支持实用钱币说。

第二，有学者认为是铜璜，是主人生前佩戴或死后特制葬品。的确，桥梁币中有一些品种很像玉璜，特别是双首兽首或龙首的那些。但生前佩戴品基本可以否定，因为古人佩璜无论单佩或组佩，中间串联老琉璃珠或玛瑙珠，即使穷人也要串骨珠或石珠，而桥梁币墓葬出土却未有伴随珠串的情况。另外，桥梁币铸造后不修边角流铜，没有佩戴过的痕迹。如果佩一块未修整的铜璜，光是那些流铜刺棘也让佩戴者感到不舒服。至于是不是特地制作的随葬铜璜，应该有这种可能性，但也不大。因为玉器随葬也有制度规范，首先是玉器的属性，古人认为玉是人与天地沟通的媒介。丧葬玉器的制作比佩戴玉器草率得多，用的玉品级也稍差，工艺相对简单。如果非贵族的平民用不起也无权用玉，则用一种滑石来代替。葬品中，滑石龙、璧、环、璜、猪、珠管都很常见，符合玉石文化的内涵，而用铜器取代会不会破坏这种特质？

第三，有专家认为是随葬的铜磬。因为桥梁币大都顶上穿孔或挂鼻，像是可以悬挂击打，而且墓葬中伴随着桥梁币一起的是大小铜铃，更像是一组乐器。因此，我认为这种可能性是存在的，但也有不支持这种观点的事实。因为出土的桥梁币基本上同样大小，而古代的磬是从大而小的一组，而伴随出土的铜铃也和编钟一样，一般是大小一套。而且钟是金声，磬是玉振，磬一般应该是玉质或者石质的，随葬的小石磬也是有的，以金代替玉不见得解释得通。

第四，是有特殊功用的冥币或明器。自古以来，桥梁币这个名字口耳相传，流传至今，也是应该有一定道理的，不见得就是以讹传讹。桥梁币每次出土基本上都是制作统一的多枚出现，具备一定的交

战汉金质桥梁币

易属性，单面范文，制作省工省力，且和招魂铃同处出现，说明了它的冥币或明器的属性。至于功用，古人随葬器物必有所指，像汉代死者口中的蝉形玉唅，就是期望死后灵魂随蝉化形飞出，成为一个出口通道，死者手握的玉猪是希望其在另一个世界仍然富足。而桥梁币的作用是什么？在战国西汉时期，印度的佛教还没传到中国，佛教中的六道轮回和地藏说也没有影响到当时的华夏，人们传统中的死亡是意味着到了另一个世界。所以当时习俗陪葬过丰，希望死者在另一天地中过得富足。中国传统把地下世界叫九泉之下、黄泉路上，都是形容地下世界多水多河。古人期盼在经过攀山渡水，亡灵到达一个特殊的地方，开始新的一生。渡恶水之桥定要强稳，木桥石桥当然不如铜桥来得坚固。由此看来，桥梁币是冥币或明器的可能性最大。

这枚黄金桥梁币制作精致，用料贵重，造型纹饰偏战国多些，应该是哪位王侯贵族的随葬品，说不定是古人幻想中的协助亡灵渡过苦海冥河、到达彼岸的大神通仙器，双龙头上的大角象征着此器战力超卓。二十世纪九十年代初，我到山西省晋中介休市张兰镇淘宝，买到一枚钱币行叫作棘币的铜器，这种棘币存世量比桥梁币少得多，且制作工艺复杂，是两端呈三叉戟形状，中间一条镂空的行龙。我认为它和桥梁币一样，也是一品明器。

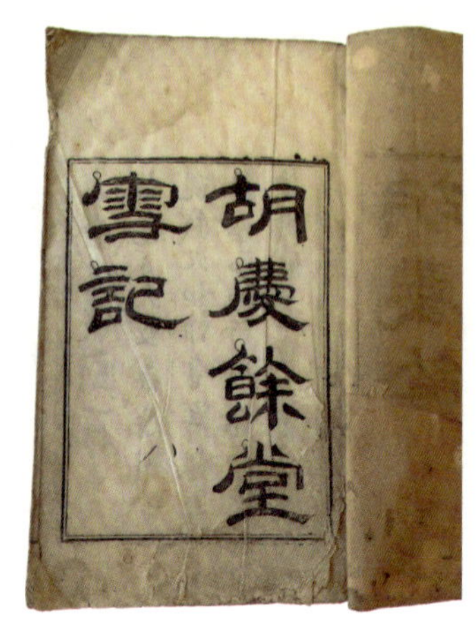

第二十七章

清晚期胡庆余堂丸散膏丹全集

2015 年深秋，报国寺整改，露天摊位一律取消，当年每周四热闹如庙会的场景不复存在，只有大殿内还有一些固定商家。在姚华先生店里，我翻到一本线装书，一看是中药目录，就没什么兴趣。我是科班学西医的，当年学科里也有中医这门课，可我发现该学期的课程中，除了我中医的上课时间是口腔系的计算机课外，其他课程安排，我们和口腔系是一样的。当时的校内风气是认为中医无用，计算机前程远大，于是恳求在剧社认识的口腔系班长谢玮同学，在口腔班计算机实习时，给我安排一个位置。谢玮同学仗义援手，我因此得以提前学习电脑编程，而整个学期只上了一节中医课。因我班同学大多不重视中医课，考试成绩普遍不太好，且考场纪律涣散，教务处勒令全班重考。同学们都觉得不公平，以班长马方同学为首，带动全班同学罢考。本来事态很严重，幸亏北医当时的党委书记资格很老，年轻时参加过北平（北京）抗日的“一二·九”运动，人很睿智开明，审时度势，撤销了教务处的重考命令，使得我们集体过了关。现在看来，我当时纯属失策，如今的计算机学习班多如牛毛，而系统讲述中医概论的学堂，少之又少。还是1977届前辈们知道那时中医的学习机会难得，都很认真地修完中医学业，李立明学长甚至能背诵整篇张仲景的《伤寒论》。往事总有遗憾处，后来马方同学任职北京协和医院营养科主任，李立明学长任职协和医科大学常务副校长、党委书记。

我手中的这本线装中药目录，出版方是胡庆余堂——南方最大的中药铺。提起药业，清末有“北乐南胡”之称，指的就是北京的乐家同仁堂和杭州的胡庆余堂。我曾收有同仁堂之最大分店达仁堂的账桌，以及胡庆余堂的主人胡雪岩在宁波宅内的楠木装饰楹匾“余庆堂”。但是即使该书是红顶商人胡雪岩的买卖印刊的，我也不准备收入，因为不是胡氏亲笔书札，没那么难得。所以只是随手翻阅一番，多长点学问。等翻到最后一页，

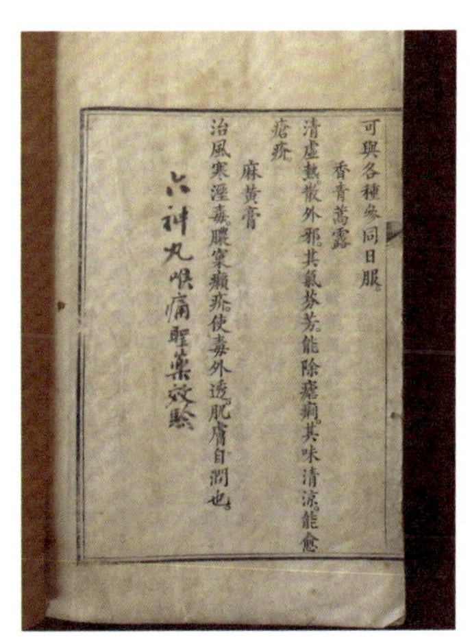
可與各種參同日服。
香青蒿露
清虛熱散外邪。其氣芬芳。能除瘟癘。其味清涼。能愈瘡疥
麻黃膏
治風寒溼毒。膿窠癩疥。使毒外透。肌膚自潤也。
六神丸喉痛聖藥效驗

胡庆余堂丸散膏丹全集

一品成药让我精神一振：“香青蒿露，清虚热，散外邪，其气芬芳，能除疟痢。其味清凉，能愈疮疥。”这不是青蒿素的原始版吗？北医校友屠呦呦凭借提取的抗疟药青蒿素成为中国首位诺贝尔奖获得者。由此，这书便有了购买价值，于是我讲价买下。

书的前面是胡庆余堂的广告：平常买药九五折，朔望之日（每月的初一、十五两日）现金交易打九折，但使用洋钱（如墨西哥鹰洋银币、英属东印度公司的站人银币、西班牙双柱银币等）则没有折扣。看来胡雪岩与洋人斗法都斗到中药铺来了。广告最后是店址：杭州城大井巷北口，坐西朝东是石库大门。广告之后是胡雪岩的亲笔序文，虽然是商人，但胡雪岩的一笔行楷文字一看就是临王右军的帖学成的。在序中，他回顾在开药店之前，每年都施药给贫疾乡民，那时采办的都是上等药品，到了自己开药铺的时候，在丸散膏丹的原药采买、配合调剂上，不敢不精益求精，方能配得上店中楹联：修合虽无

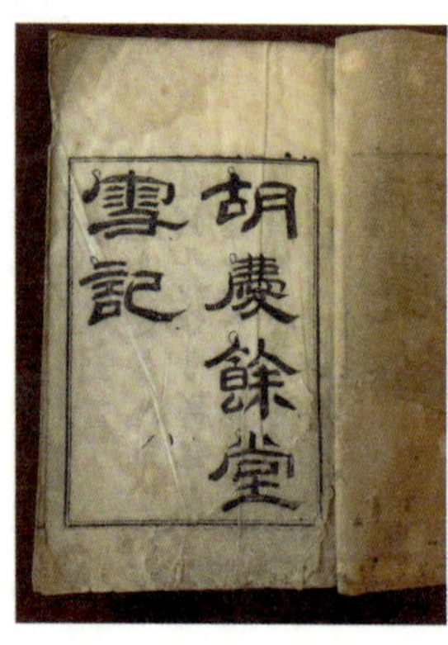
胡慶餘堂
雪記

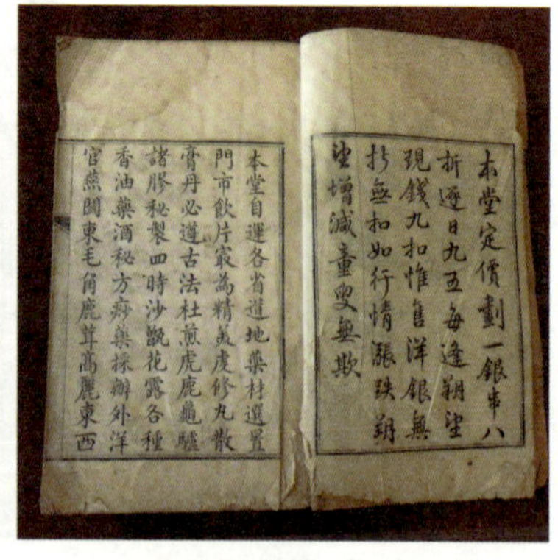
本堂定價劃一銀串八
折逐日九五每逢朔望
現錢九扣惟售洋銀無
折無扣如行情漲跌朔
望增減童叟無欺

本堂自運各省道地藥材選置
門市飲片家爲精義虔修丸散
膏丹必遵古法杜煎虎鹿龜驢
諸膠秘製四時沙甑花露各種
香油藥酒秘方痧藥採辦外洋
官燕關東毛角鹿茸高麗東西

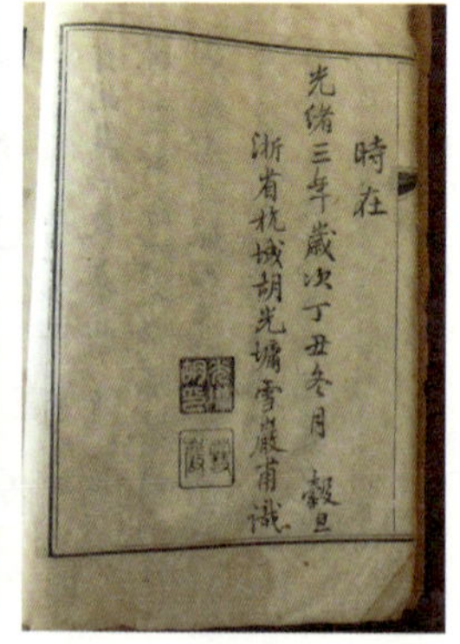
時在
光緒三年歲次丁丑冬月　穀旦
浙省杭城胡光墉雪巖甫識

胡庆余堂丸散膏丹全集

人见，存心自有天知。落款是浙省杭城胡光墉雪岩甫识。自序之后，是胡庆余堂雪记总店的序言，除了为老板歌功颂德，还保证各成药用料精良，制药用水取自西湖。书后注明了刊印时间——时在光绪三年。

胡雪岩是中国晚清商界的传奇人物，杭州钱庄伙计出身，意外结识了后来官居浙江巡抚（省长）的王有龄，后又见赏于左宗棠，漕帮首领中也有很多朋友，从事的行业主要是钱庄票号、生丝货庄及丝厂、中成药铺等。他长袖善舞，善于整合资源，各种买卖做得风生水起，连捐代保，获布政使衔，也就是藩台二品官，顶子是红珊瑚制成，所以胡雪岩又被称为红顶商人。胡雪岩的一生在中华历史上是有贡献的，左宗棠征西平定“阿古柏之乱”时，胡雪岩为他从外国银行贷款巨额充当兵费军饷，胡雪岩还充当征西军的总粮台（后勤部司令），调运粮食及药品。在采办药品的过程中，他意识到拥有自己的大药店的重要性，因此，胡庆余堂便在左宗棠平叛阿古柏的激战中诞生了。在这场战伐中，胡雪岩功不可没。光绪八年，中法战争爆发，市场萧条，银根吃紧，国际生丝市场陷入巨大动荡中，胡雪岩囤积的大量生丝无人问津，资金链骤断。他的实业架子搭得太大，船大难掉头，胡氏大厦根基砖石一旦松动脱落，便如多米诺骨牌一般，依次影响，终致整个大厦毁于瞬息。光绪十一年（1885），胡雪岩抱恨而亡。

书内成药按科目分列，计有补益心肾门（心血管内科）、脾胃泄泻门（消化内科）、饮食气滞门（消化内科）、痰火咳嗽门（呼吸内科）、诸风伤寒门（传染科）、诸火暑湿门（免疫科）、妇科门、儿科门、眼科门、外科门。并有各种胶、膏、花露、香油、药酒单独罗

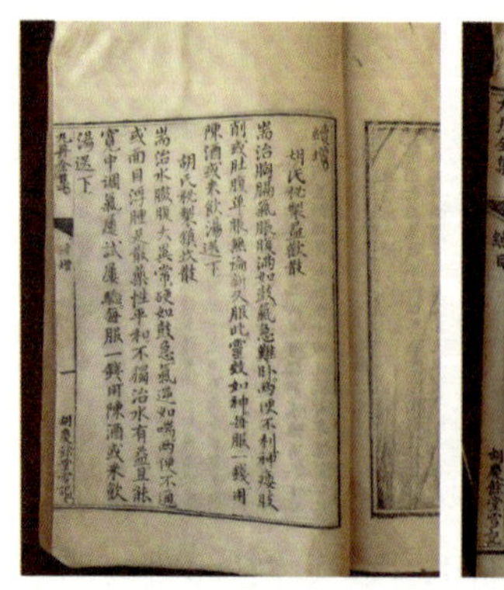

續增

胡氏秘製益歡散

專治胸膈氣脹腹滿如鼓氣急難卧兩便不利神疲肢削或肚腹單脹無論新久服此實效如神每服一錢用陳酒或米飲湯送下

胡氏秘製鎮坎散

專治水臟腹大異常硬如鼓急氣逆如喘兩便不通或面目浮腫是散藥性平和不偏治水有益且脹寬中調氣屢試屢驗每服一錢用陳酒或米飲湯送下

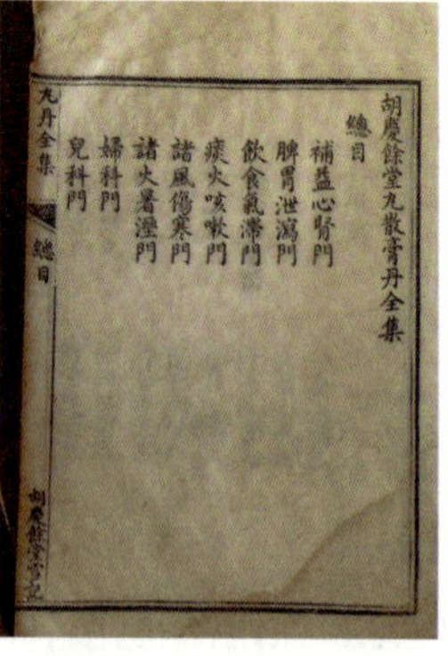

胡慶餘堂丸散膏丹全集

總目

補益心腎門

脾胃泄瀉門

飲食氣滯門

痰火咳嗽門

諸風傷寒門

諸火暑溼門

婦科門

兒科門

胡庆余堂丸散膏丹全集

列。科目之多，品种之全，令人叹为观止，现代的中药店中内成药品种尚不及本书中的十分之一。书中亦可见到《红楼梦》里贾母吃的人参养荣丸，宝玉吃的天王补心丹，荣国府送给刘姥姥的梅花点舌丹、紫金锭、活络丹等。胡雪岩为左宗棠办了多年的军队药品供应，所以胡庆余堂的太乙紫金锭、诸葛行军散、万应平安散和神效济生散几味成药的品质天下闻名，南北称冠，到今天还是王牌成药。以各种花露而言，我们今天只知道深绿色的花露水，是医治蚊虫叮咬的家居必备品，而本书中列出的花露，竟有二十种，应用各异。至于最后一页上的香青蒿露，属于在续增篇内，和胡氏秘制益欢散（治疗胸膈胀气的药）、胡氏秘制镇坎散、龙虎化毒丹、胡氏神效如意保和丸（又名八宝丸）、小金丹等在一起列出，很可能是当时胡庆余堂研发团队的创新药品。这样说来，胡雪岩在药品自主研发上对社会贡献也是非常大的。可惜香青蒿露成品和配方湮没已久，不然屠呦呦团队在青蒿素提纯研制中可少走许多弯路。

随着现代科学的发展，国内外科研机构对中药原料和成品进行成分分析，发现一些原料及成品有重金属和兴奋剂等有害成分，因此对某些中药下了禁令。中国传统中医药遇到了前所未有的纷争困扰。个人认为，至今为止，西医不能取代中医。我在美国过敏严重，后导致

慢性支气管炎，在美久医不愈，最后我的家庭医生李岩大夫说："西医没什么好方法了，你看看中医吧，但达拉斯可没什么好中医。"我回北京，经史志广先生介绍，去请教了鹤年堂坐诊的张永生老中医，几服廉价小药吃下去，病就消失了。还有一次，在美国家中撒除蚂蚁的药时操作不当，引发皮肤大面积风疹，去看过敏专科医生，开了激素等药品，但一停用药品，风疹继续出现。回北京找在北京中医医院做外科主任的表舅，他拉我去内科找了一位女大夫，连中药都没配，开了两三种成药丹丸，我只记得有一味"浮萍丸"，服后拉了两天肚子，风疹就痊愈了。

中西医结合治疗一直是我国政府所提倡的，但将两种体系、两种理论、两种诊断方法、两种医疗手段结合在一起，谈何容易。然而到今天为止有两项研究成果卓然，一项是屠呦呦团队抗疟新药青蒿素系列，为全世界疟疾患者提供了有效的医治；另一项是韩济生团队由传

竹编脉枕：患者将腕搭上候诊。枕内放置刺绣银针套

统针刺而及疼痛学人体内啡肽的研究，从而对止痛及毒品戒断做出了贡献。其实西医进入中国后，早就和中医有过交织。1942 年，我外祖父的兄长吴瑞萍和协和医学院同学诸福堂、邓金鎏一起开办了北平私立儿童医院，我姨婆那时在儿童医院的西医药房任职，她提起一例由中医转诊治愈的病例赞不绝口：有一个小孩患白喉，就诊于一位京城著名中医处，老医生望闻问切后，开出一服中药，告诉患者家长："今天抓药服用，就将全身伤寒患疾全驱集在咽喉，但我这里无特效喷药，你明天到府前街西医儿童医院，他们有药，用吹管喷一点到喉咙上，病就好了。"遵嘱而行，病果然好了。姨婆对这位老中医赞赏有加，称赞他一诊断明确；二开出缓解症状药方，保全名声，还赚到钱；三介绍给西医，没耽误患者病情，且成全了同行之义。

还有一个西医给中医保驾护航的故事。1961 年，周恩来总理指派我的外公带领拥有著名西医方圻、著名中医岳美中等医生的豪华医疗团队，给印度尼西亚总统苏加诺进行中医治疗。在与总统医疗团队的会诊中，印度尼西亚医疗组对中国医生渊博的西医学识很钦佩。他们根据在瑞士的检查结果，认为苏加诺右侧肾已无功能，但外公根据临床经验和读片，诊断出病肾还有一些功能。苏加诺总统将中药汤剂称为"中国咖啡"，能够接受，但对中医针灸有些抗拒。外公让中医针灸师首先在自己手上扎针，使总统解除了顾虑。一个疗程后，经静脉注射泌尿系统造影检查，右肾显现了一点功能。苏加诺立刻命令在新闻发布会上公布：经过中国医生的治疗，总统的健康已经完全恢复。之后，苏加诺把外公当成了私人朋友，在印度尼西亚国庆庆典上，苏

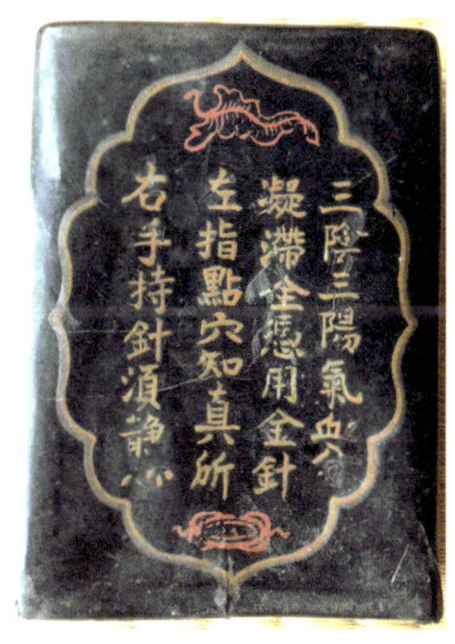

上图为特制柒盒：京师名医金针李的贮放金针的特制漆盒。金针是用于拔除白内障，故盒上彩绘为龙治眼

加诺邀请外公上城楼就座，外公征求了正在观礼台上的前来祝贺的中国外交部部长陈毅元帅的意见后，坐在了苏加诺身边。这样，在印度尼西亚国庆庆典城楼上，只有三个人坐着——苏加诺总统、罗马尼亚总理和一位中国医生。他们背后是四位印度尼西亚军方最高层军官。两名中将和两名少将。当时后来任总统的苏哈托还是一名准将，连站在后面都没位置，这真给中国医生增了光。外公曾说有三次庆典很难忘，这是一次，另两次是在主席台见证香港和澳门回归中国的典礼。外公率队回国时，苏加诺授予外公“伟大公民”二级勋章，并赠送外公私人大型虎、熊标本各一，现存展于首都医科大学陈列室。

中医现在被不少人抵制，皆因从医者标准化不够，中医里良莠不齐。中医心理学辅助很重要，但是若要加上些玄学、巫学、命相风水和外发气功就不对了。往往这种“神医”号召力还很大，奔走宦门，收敛钱财，也是社会一景。更有一些从业者，毫无医德，视人命为儿戏。

总之，中医中药及从业医师，管理人员的标准化至关重要。

第二十八章

元代灵芝幼鹿倭角方型玉佩

2019 年年底，女儿度寒假，放了恩典愿意和父母一起旅游，现在年轻人喜欢自己组队游玩，能和爸妈同行的已经很不容易了。我正在北京，一家三口从三个不同地方乘航班在台北聚齐。沈凯同学介绍的资深导游档陈先生夫妻从机场接到我们，住在闹市西门町，在台北自由行动，在台北外则由陈先生开面包车助游。

台北城市很有意思，很热闹，但高楼大厦不多，很像二十世纪九十年代的北京。西门町在二十世纪五六十年代是台北有名的风化区，但早已整治成食品小吃区。一到晚上，上百家小吃摊位一齐摆出

来。有两个摊位前排出几十米的队，一处是大肠面线，大肠收拾得比东兴楼饭庄的烩肥肠还干净；另一处是幸福堂焦糖奶茶，加入的焦糖是现用明火烤的。

请教陈太太，得知著名的台北光华玉市仍有存在，二十世纪九十年代初期，看徐正伦、李更夫先生的古玉讲评书籍当参考书，得知那时这个玉市是古玉收藏人捡漏的地方，当然更多的人捡的是药。陈太太说现在玉市里假多真少，眼力要很好才能去这个地方买东西。第二天是周末，是玉市开市的日子，我先乘捷运走了三站，在忠孝新生站下车，随后用谷歌地图带路，从居民区小路步行 15 分钟，到了新生北路的高速公路的高架桥下，看到两个市场，一个是光华花卉市场，另一个就是光华观光玉市。

玉市内光线不太好，布置很简陋，有 100 来个摊位，条件甚至不如北京潘家园旧货市场。一眼望去，一片新与假，走了一条摊位，也没见到一件像样的老货，真成了新工艺品市场了。直到走到一条靠墙的摊位，才看见几块清代老普玉件摆放在低长案上。摊主是位 70 岁左右的老太太，行动敏捷，眼神犀利。在玉件旁边有串染绿虬角的手串，是长圆形莲子珠配上银莲花护碗，清代做工无疑。因为虬角染色九蒸九晒的工艺已经失传，现代做不出相似品，所以几年前清代虬角东西暴涨，一枚好点的戒指能要出 1 万元人民币，我早年曾从首饰进出口公司买到过一盒清代虬角小件，里面有几十个戒指，每个戒指进价才二三百元人民币。我也没想乘高减持一部分，结果虬角价格急跌而下，现在价值还不到高点的一半。玉市上的这串虬角珠子，要

清代虬角手串

价5000元新台币，也就人民币1000多元，而且可以收美元现钞。我又挑了枚清代旱烟嘴，只是因为材料是羊脂白玉籽玉，且价格便宜，我就“宁啜茶根，不饮白水”了。

这时候有一个中年知识男走过来，交给老太太一叠新台币，说是代卖货款。他对我说：“这里只有一两家卖老货的，你要找老货，可以去新生南路，有个古玩城，虽然比大陆的古玩城小，但是东西还是比这里多的。”知识男走开以后，老太太对他这种拉客方式表现了不满，告诉我：“这人是古玩商，从我这里拿货，加了很多卖出。”我和老太太多谈了几句，得知她退休前是中学的数学老师，后来出于爱好才买卖玉杂，在当地收货，我买的这串虬角就是一家餐馆的老板娘戴在手上的，她几次问询才买过来。我问她家中有什么好一点的玉？她说有一些，但不是很想卖。我约她下周末带几块给我看看，她答应了。

过了一天，我去了新生南路古玩城，也是离捷运站不近，走了20分钟才发现是商场的地下一层。几十家商户，四分之三都紧锁店门，跟北京的几家古玩城差不多，都是生意不好，从橱窗和开门的几家店看来，东西老的虽多，却大多是普品，没有什么出彩的物件，看来生

意不景气时，谁也不把好东西拿出来。我在一家营业的店中，问询了一件明代凤鸟炉顶，报价比北京的时价低个20%左右，货不罕见，价格也没有太吸引人。放弃未购。

后两天陈先生开车带我们去了台南，在高雄夜市上，吃到了唐鲁孙先生笔下的“棺材板”，实际上是面包夹菜过油。我问现在什么地方能吃到司马中原先生书中的“施吉烧鸟”，陈先生说高雄没有，全台湾只有屏东有烤小鸟卖。高雄的小吃和台北风格又不一样，我觉得最好吃的是用臭豆腐做的炸薯条，蘸着加蜜的芥末酱吃，是绝配好吃。我们共享了一份，我觉得不过瘾，自己又单享了一份。结果肚子塞饱了，吃不下别的东西了。10年前，我曾学着哼唱周杰伦的《七里香》，但七里香是什么，我一无所知。高雄夜市上一个烧烤摊车上的广告让我恍然大悟，原来七里香就是烤鸡屁股。其实，七里香也是一种植物，芸香科九里香属，小乔木开白花，其香味强烈，远距离可嗅，故名之。

花莲的太鲁阁峡谷给人的印象深刻，环境保护得很好，可以看出山石风化开裂，顺着陡峭山坡滑落谷底，滚落河中，经过万年河水冲刷，变成光滑卵石的全过程。因为不允许游客带走任何一块石头，所以河中各种石子都呈原生态，大的几吨重，小的如核桃蚕豆。我想，新疆和田籽玉的产生也是如此吧，几万年的冲刷，留下的玉质都是最坚硬细腻的。花莲据说也产玉，我跟当地人买了两块花莲玉原石，觉得还是石质性较大，达不到玉的标准。

回到台北，正值2020年元旦，和老太太约好的周末看货，不知她会不会因新年假期爽约。到了周六，我一早起来，原路去光华玉市，路上买了一份台式早点，一种和紫苔肉松卷在一起的卷饼，看来是日据时代的产物。边走边吃，不知不觉到了玉市。这次来早了，大部分摊户正在布摆售品，老太太还没到。我就慢慢依次逛去，可巧居然发现几块老玉。摊主是个年轻人，摊上的东西以新货为主，但左上角放着几块旧玉，都是普品，看来摊主知道是老玉，特地和新的分开。稍好一点的是一块明代长方形连珠花卉别子，镂空单面工，要价4000元新台币。这价说贵不贵，说便宜也不太便宜。我类似题材有几块，就没有还价。桌角上还有一块不起眼的素器，我拿起一看是件汉代玉剑珌，素玉大部分石化，仍有大片青白色玉开窗。问价回答："玩

明末清初花鸟蜜蜡饰

战汉素面玉剑珌

明清的，不懂高古，这块替人代卖，5000 元（新台币）。”意思是不保真假，本来到这种地方买东西，保真假就是一句笑话，全要凭自己眼力。这种剑饰流传不少，我自己都有好几块有纹饰和没纹饰的，是安在剑鞘尾部的玉具。既然是开门真品，又便宜，可以买下，但我交美元钞票他不收。理由是看不出美钞真假。看我直发愣，他告诉我可以加微信人民币转账，我马上掏手机用微信零钱付给他，才合 1200 多元人民币。

回头一看，老太太拉着小车到了摊位，赶快过去打招呼，问给我带了什么东西。老太太挺高兴，一打包就开张，好兆头。她一边布摊一边给我找货，认为我可能要的就放在我面前。还没将所有东西展出，我已经买下她两件东西，一件商周生坑小玉鱼，一件明末清初的花鸟老蜜蜡，都是普品中的精华。最后她掏出两块玉，说是自己的收藏。大的是一块清代籽玉卧牛手把件，出彩的是背上有一大块金黄色带毛孔的原皮，还是一级白玉。小的是一个白玉倭角高浮雕瑞鹿牌

商周小玉鱼

子，是单面工，属于镶嵌玉，从形制到做工是典型的元代风格。一问价钱都是要价 85000 元新台币，贵是不贵，但是我没带那么多现金。我问老太太接受微信转账吗？老太太摇头说：年纪大了，没有装微信。这样我只能带走一块了，选哪块呢？黄皮玉牛手把件，现在中国玉藏家最喜欢这种傻白甜带原皮的东西，价格一直居高不下；而元代玉镶板则是很少见，元代气息扑面而来。一个价值高，另一个文化底蕴浓郁，真是很难取舍。我想起张德祥先生和王世襄先生交换古物时说的话："您的价高，我的味好，我亏了。"还是选味好的吧，过几年大家会更侧重有文化内涵的古玩的。

决定了要哪个，我还是用指东打西的策略，准备先拿玉牛说事，挑些毛病，然后问个最低价。不管回答多少，马上表示太高放弃，再回手拿起玉牌，挑毛病让她出个相对低的价钱，然后买下。没想到实施方案时出了意外，我拿起玉牛，表示上面的做工太民俗了，不是大内工艺，时候还晚。还没问到最低价，旁边"嗖"地蹿上一个 30 来岁的眼镜男，一把将元代玉牌抄到手里，嘴里嘟囔一个字“元”。坏了，来了个懂行的。他跟老太太像是熟人，说了几句孩子好不好，就表示这块玉他以前没见过，问是不是今天拿来的，他没有这种收藏，准备卖多少。老太太说她要八万五，熟人嘛……她看我一眼，悄悄用手比画了一个“七”字，被我余光看见。眼镜男仍然觉得贵，附耳跟老太太说了几句悄悄话。老太太轻轻摇了摇头。眼镜男说他出得不少了，一会儿等你清静了再说。眼镜男放下玉，我还不敢拿，眼角中的他一消失，我才把玉牌抓在手中。以前的策略用不上了，反正眼镜男替我试过火力了，他又不知我想要这块，应该不是托。我对老太太直说：“这块我知道他想给你多少，你卖我最少是多少。”老太太狡黠地一笑：给你最少七万五。我被气到反笑：“你跟他要价才七万，给我最少倒七万五，有点儿不公平吧。”老太太理直气壮地说：“他有个小女儿很可爱，给他便宜点应该。”这也是理由！但我知道生人、熟人价格有差异，本地人、外地人分别对待，可以理解，重要的是争财不争气。

我如数付美元给老太太，老太太点了两遍，临了悄悄告诉我：玉上面有两个暗孔，可以穿绳佩戴，他们全没发现。我点头称谢，心里却暗中腹诽，玉下部祥云那两个孔应该是用金丝穿小粒宝石作装饰的，要是穿绳佩戴，一天就得摔坏了。我拿起玉牌起身要走，旁边三四位一齐拥上要看看我刚买的东西。原来是本地玉友，素质还不错，买货时没有插嘴打扰，成交后才来观摩。我递给他们看，其中一人看完后说：“恭喜，拣到宝了。”我正怕老太太反悔，低调回答：“只

元代灵芝幼鹿倭角方型玉佩

能说买到了，价钱不算便宜。”不敢多停，快步出门，背后听到玉友们议论：“两岸有地区差价。”

这块倭角玉牌制作极精美，一反早期元代粗犷简洁的表现形式，体现了细腻、优雅、高贵的制作理念。早期秋山题材的山林鹿是狩猎的对象，工匠雕刻出野鹿的活泼灵动，而这种中晚期作品中的幼鹿两地玉是被美化或者神化了，形象祥和甚至还有点卡通图案的小可爱，背上是蔓藤灵芝，蹄下是嵌宝祥云。牌子的背景地子也打得飞薄如纸，几可透光。

元代蒙古族多出战士，少有工匠，至于玉工更是罕有，绝大多数玉匠是从汉地掳掠而来的，特别是元军占领了南宋的江南一带，大批的苏州玉匠被带到北方。马可·波罗在游记中写道：“苏州（Sugui）是一颇名贵之大城，居民是偶像教徒，臣属大汗，恃商工为活。其城甚大，周围有六十里，人烟稠密，至不知其数。假若此城及蛮子境内之人皆是战士，将必尽略世界之余土，幸而非战士，仅为商贾与工于

一切技艺之人。”当苏州工匠参与制作元中晚期玉器以后，元代玉器进入鼎盛时期，用材用工都变得极为考究，像瓷器中的元青花一样，为中华文化作出了贡献。这也体现了元代汗王、贵族在打下江山后的奢华蜕变。北京的玉器行同业公会会馆叫长春会馆，今天馆址还在，里面供奉的是全真教长春真人丘处机。丘道长就是元朝时期的道士，精通道法典章、养生技术、玉器制作，曾经面见成吉思汗，劝大汗慈爱治国。

回到北京一打听，那块黄皮玉牛手把件在国内的市价已到 8 万 ~ 10 万元人民币，真想回去再拿一趟，可是随即新冠疫情肆虐全球，航路不通了。

第二十九章

十七世纪滑膛前填燧发式火枪

2020 年 7 月，美国的新冠病毒感染者再攀高峰，我所有外出活动停止，继续宅家。一边追电视剧，一边把一支过去买的老火铳拿出来擦洗。这支老枪是春天从一个旧货展销集市上买到的，货主是一个挪威裔的新移民，名字缩写是 R.B.。他像德州所有玩枪的男人一样，客气、谦卑、善意，美国西部老电影里冷面、刚毅、傲气的牛仔在生活中基本不存在，这些拥枪者因为掌握着夺取他人生命的工具，行事就更加低调，以免激情冲动，伤及无辜。R.B. 还具备做生意公平的美德，卖东西从不一把死拿（不许还价），所以我收藏的老型枪支，倒有一

半来自他手。计有毛瑟1896年长苗卡宾枪，德国“二战”军官标配p38手枪，德国斯托克式盖世太保警用自动手枪，朝鲜战争美军M1半自动步枪，“二战”日本99式步枪，日本南部94式文官用有自杀功能手枪等。

这只老火铳是我向R.B.购买的最后一支老枪。当时它在一捆长枪中并不起眼，虽然身长是这里所有步枪中最长的（大约1.6米），全身黑黑的，满是暗锈和经年泥污，但抽出来看，造型曲线极美，有镂空铜活叶子，还有一些象牙镶片，虽然有些镶片缺失，但枪托底部厚厚的象牙托板完整无缺。R.B.说这支枪做工很讲究，但没什么实用性了，只能当作装饰样本。我曾在欧洲很多博物馆见过这种枪，这支虽然蒙尘，但在馆藏品里也算精品了；更让我无法舍弃的是，R.B.只

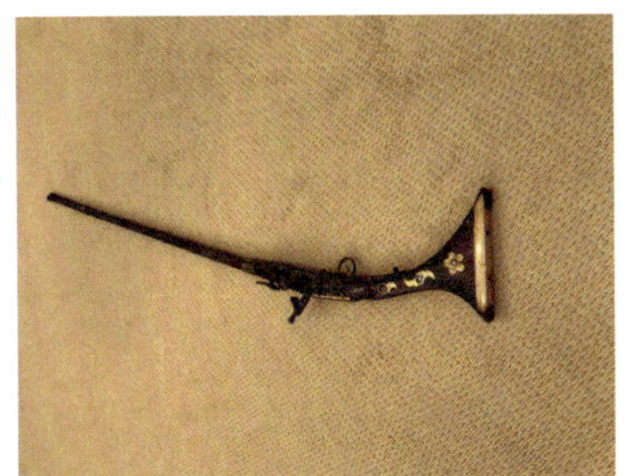

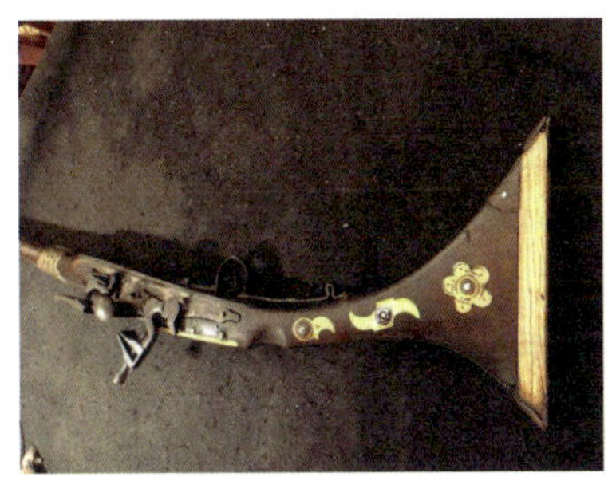

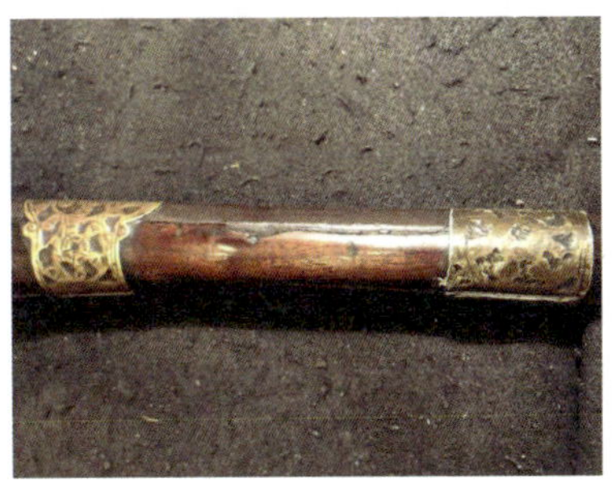

十七世纪滑膛前填燧发式火枪

管我要价 600 美元，说实话，就是拆下来那些老象牙镶片也不止 600 美元。

之后因为要回中国两个月，于是和 R. B. 约好有什么新收获，留着等五月我回来。当时持铳匆匆分别，根本没有意识到这是我们的最后一面。在中国的时间延长了些，到六月份，再次到集市，R. B. 已经人去楼空，旁边的货主告诉我，R. B. 已经在六月初意外身亡。我且惊且疑：他年轻力壮，做事厚道，怎么会遭此厄运！几个美国货主一起七嘴八舌地解释，原来，R. B. 像每天一样带上狗到小区周边去遛，不知为什么，大狗奋力向前一蹿，拉动系在他手腕上的绳子，带动 R. B. 身体向前猛冲，重重撞到一块大石上，昏迷后滚到旁边的小溪，窒息身亡，终年 34 岁。悲哀之中，深感人生无常。可谓大道五十，天衍四九，人遁其一。

火药是古代中国四大发明之一，最早是道教炼丹的副产品，从开始就没有将它当成武器。鲁迅说："外国用火药制造子弹御敌，中国却用它做爆竹敬神。"火药这种对敌对己都有危险的双刃剑，是不符合儒家思想的"中庸之道"的。所以中国在唐宋时期，军事上大力发展长距离冷兵器中的弩机，北宋时期由 10 人操作的床子弩可以发射巨箭 500 ~ 1000 米，破坏敌方工事。而火药在军事领域上的主要运用仅仅是作为夜间报警及其他军事信号，只是单纯地将烟火爆竹系在长箭上向空中射出；白天信号仍用传统的响箭和鸣镝。

在中华大地上，首先成规模使用火药于战争的国家竟然是辽国。我的行内师兄廖国能先生研究收藏古代火器 20 年，收藏有辽金系列磁炮。所谓磁炮就是以烧瓷为外壳的装填黑火药的手雷和地雷。他收藏的磁炮多种多样，有圆形、蒺藜形、窝头形，还有更像便于投掷的手榴弹样子的牛腿瓶形。廖师兄还专门到涿鹿县磁炮窑村考察过辽代应历年建的磁炮老窑。难怪北宋时期，宋在与辽国的战争中几乎每战必败，唯一的和局是寇准签订的澶渊之盟。就连辽国亡国前，辽五京被金国夺其四，辽军还在河北白沟彻底击溃了北宋最精锐的西军主力，当时岳飞和韩世忠都作为校尉（连长、排长）在军中效力。看来辽军不但骁勇，科技水平也不容忽视。廖师兄也考察过张家湾元代码头古战场，是元末起义军进攻元大都的最后水路关隘。古战场上犹存大量磁炮弹片，看来元军在防守阵地时大量使用磁炮。大胆推想，蒙古军大规模横扫西方世界，也一定携带使用了利器火药磁炮，使得欧洲人对火药在战场的使用有了深刻了解，一改先前只用火药技术于炼金术，而真正研究出筒管型火器——枪炮。有两张图是我收藏的明代黑铜火药勺，上面镌刻："景泰六年，南京兵仗局，一万三千斤。"

枪铳的制造发展分三个阶段：一是火绳式；二是燧发式；三是击

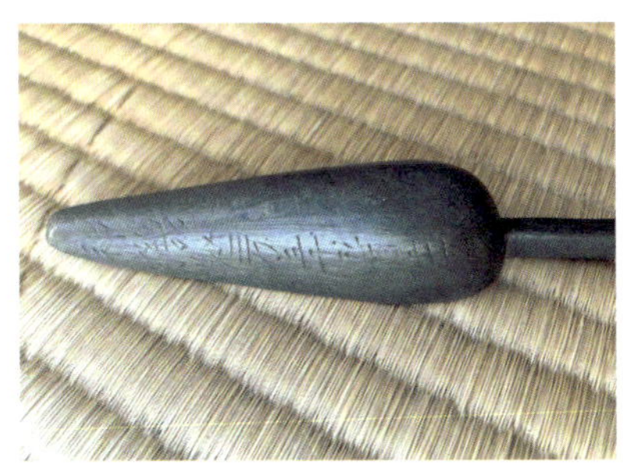

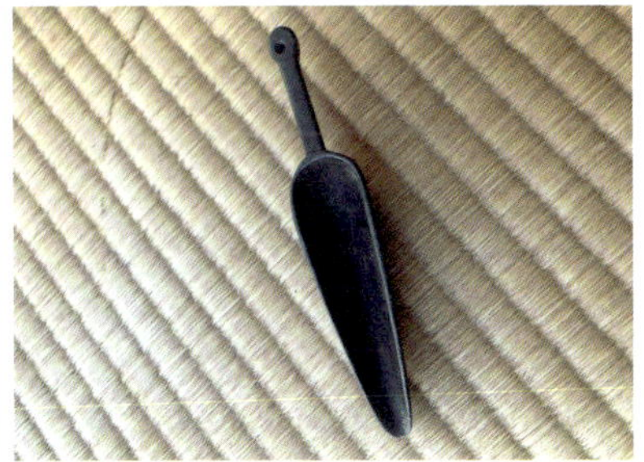

明代黑铜火药勺

发式。火绳式管枪是十四世纪末期欧洲发明的，经过短暂火门式成型过程，固定于相对安全的火绳击发。中国明朝因为郑和下西洋、隆庆开关等系列开放向世界的事件，将火绳式枪铳引入中国，并自行改进制造。使用得最出神入化的是大将李成梁。明末有三大名将，第三名将俞大猷，第二名将戚继光，第一名将就是创建中国第一支特种兵辽东铁骑的李成梁。辽东铁骑的标配武器就是火绳枪——三眼神铳。我十几年前从廖国能师兄手中求让过一支明代三眼铳。这种三筒火绳枪造型简单，身长体重。在马上发射后，如果短兵相接，来不及装弹，长铳抡起来就能当铁棒使用。李成梁在东北地区战功无数，积功而朝廷授勋为伯爵，在一次军事行动中，误杀了建州女真首领父子觉昌安和塔克世，于是将塔克世之子带在身边做亲卫，并加以教导扶持，这个学习了李成梁军事思想的青年就是努尔哈赤。努尔哈赤建立后金政权后为纪念祖父，令所有塔克世的后裔姓爱新觉罗，系黄带子；而觉昌安后裔中非塔克世一支姓觉罗的，系红带子。这就是满洲宗室黄带子和红带子的由来。

在亚洲地区一场大规模火绳枪对战发生在明万历年间，对战的双方是日本丰臣秀吉的侵朝联军和李成梁的长子李如松所率的抗日援朝混成军。结局是中朝完胜，日本退败。除了有德川家康日本国内反水的原因外，赴朝明军特别是辽东铁骑功不可没。当时的日本联军已经大量装备了火绳枪，织田信长的三段击枪铳阵法也被使用。三段击阵法指将铳枪手分为三队，第一队射击后，退后装弹；第二队踏前射击，退后装弹；第三队射击，退后装弹时，第一队装填完毕踏前射

击，整个过程为一分钟左右。辽东铁骑对敌采取的战术是快速接敌、密集火力，混入近战。以碧蹄馆遭遇战为例，李如松与弟弟李如柏、李如梅和副将杨元率领的辽东铁骑 2000 人，大战日本战国名将小西行长、黑田长政、立花宗茂、小早川隆景所带领的各兵种军队约 2 万人。鏖战多时，日军不敌而退。这让后来熟悉“二战”期间中国人民抗日战争的军事专家不敢想象，因为在正面战场上，国军对日军的伤亡比例是 5 ∶ 1。怎么老祖宗那么能打？那是因为：一是辽东铁骑战士是百里挑一的特种兵，且有荣誉感；二是武器装备一流，良马硬弓加三眼神铳；三是日本战国时期兵将个子都矮，1.6 米都算高的了，战马更是矮小。你可以想象对手是一帮高小班级骑着毛驴的外族，你挥着三眼铳从上向下砸击的豪爽感觉。

燧发式火枪的出现有兵器史上划时代的里程碑意义。十六世纪中叶，法国钟表匠马汉发明了一种扳机带动钳子夹一片燧石的击锤，打击在砧板上，在火门边击出火星，点燃火药击发的燧发式火枪，大大缩短了射击时间，简化了流程。十七世纪中后期，欧洲军队已经普遍装备了这种燧发枪。最精锐的普鲁士士兵可以一分钟之内，发射三弹。1840 年中英鸦片战争，英国军队使用的是升级版的线膛燧发式火枪。而清朝士兵的制式武器还是腰刀、长枪、弓箭及少量作为辅助兵器的火绳枪。在这次战争后期，清政府认识到火器的重要性，为八旗和绿营配发了大量的火绳枪。第二次舟山防御战中，中国军队作战勇敢，甚至冲出工事反击，他们的火绳枪和抬枪的火光使满山像着火一样，反击的清兵一直冲到与英军近乎肉搏的距离，才在他们难以抵御的来复燧发枪火力下败退。

清朝不推广燧发枪，是很多人心中的困惑。康熙皇帝统治时期，康熙对西洋历法、算数、宗教、天文和机械都有涉猎，自己还拥有当时欧洲最新式的滑膛燧发火枪，并用它在围猎时打过老虎和熊，但自雍正、乾隆之后，皇帝们闭关自守，对西洋机械的喜好，只局限在仿制钟表上，军备还是依靠传统冷兵器和明朝遗留的老式火铳。清朝曾在开国战争中靠刀弓骏马战胜明军及农民军，所以觉得火器只能作为锦上添花的辅助兵器，不值得花大量人力、物力推广。我有一支清代三眼铳，也是廖师兄赠的，枪管很短，尾部可接木棍，比明代火器还要弱，但使用时间超长。现在边远地区还用这种铳填充黑火药和黄土，婚丧嫁娶时用来衬托气氛。

在中国被迫打开国门后几十年内，世界枪械发展日新月异，第二次鸦片战争时，英法联军已经使用击发式来复步枪。太平天国运动时期，驻清洋枪队已经使用后膛七响步枪；庚子年八国联军中美军已经把多管加林重机枪安在天津城墙上。所以说，落后是要挨打的。

这支燧发式火枪是早期滑膛式，前填火药及铅弹，枪管呈六棱形，整体铸造，做成六棱管而不是圆管，费工费力，不只因为好看，而是让枪管更好地和下面木托部分吻合，使射击稳定性好。枪管前开口部做成微型喇叭口；枪托及扳机附近的胡桃硬木上面，镶嵌了 12 块雕点圆的象牙镶片，其中八片以银质大头圆钉固定，一块很厚的象牙板镶在枪托最后方，象牙笑纹很美。只是有三块牙片遗失了，留下空洞。枪管下木托内固定装有一根细长钢制通条，是为向前膛填充火

药及枪弹的。击发部分扳机、钳型击锤、火门、砧板都完好可用，其中钢砧板可以立起垂直使用，不用时可以水平放下，这样即使误扣扳机，击锤上火石也打不到砧板，起到了枪机保险的作用。枪管部分由六组金属箍片固定枪管和木托。因为蒙尘几百年，表面油泥灰尘太重，看上去黑乎乎一根，毫无美感。我一边看连续剧，一边先用热肥皂水，后用蜂蜡、棕榈蜡、橘子油混合液，一点一点地用布擦出来。追了一部《安家》，一部《大江大河》，加上中间加看的新闻节目，总共耗时 100 小时左右，终于让老枪旧貌换新颜。象牙部分擦出包浆，胡桃木部分擦出蜜蜡色柔亮皮壳（行话叫一汪水），镶片部分更是擦出惊喜，原以为都是铜镶箍片，将淡黄包浆擦去，原来除了最后面一片是镂空青铜箍片，前面五片全是银质的，本着修旧如旧精神，没敢把银片和枪管击锤等钢制部分擦亮，让它们依旧保留老包浆。我又用黄蜜蜡将缺失的三块牙片部分补好（因为不会做象牙雕刻），这样整体就顺眼多了。看来这支是早期东方、滑膛、燧发式火枪（土耳其？阿富汗？伊朗？），应该制造于十六世纪末到十七世纪。按其制作的精美程度及装饰，应该是王室或贵族用枪。

第三十章

清代高颈和尚头黑虫葫芦

这只葫芦是行内一位外号叫长毛陈的人卖给我的，到今天我也不知他真名叫什么，人瘦得一把骨头，还留着披肩长发，没见过的头一次见他都能吓一跳。二十世纪九十年代，他和他太太在琉璃厂海王村租赁了一个柜台，卖点古玩杂项。那时海王村办公室还管传呼电话，一天总有五六回喇叭里喊长毛陈太太的名字："陆小凤，电话！"不知道的还以为古龙的《陆小凤传奇》拍摄了现代版呢。大家都说长毛陈吸毒成瘾，他姐姐工伤卧床，赔偿了一笔伤残费，长毛陈从农村请了位保姆伺候姐姐。他姐姐过世后，长毛陈继承了伤残费并娶了保姆。

行内朋友们都让我远离长毛陈，说吸毒的人脾气怪，做事没底线。所以十年来我基本上没和他说什么话，交易方面，只有经过史志广先生介绍，长毛陈卖我两张素春宫册页，价格也不贵。后来和长毛陈熟了，他告我这册页是十张一套，他把两张素的给了我，八页荤的高价卖给另外的人了。

有一次，我和几个行里朋友在海王村的小花园中聊鸟具，长毛陈正好在院子里晒太阳，也凑过来插上几句。俗话说："一鸟入林，百鸟压音。"他一开口，别人就搭不上腔了，因为他对鸟具确有真知灼见。从南笼北笼说起，红子笼和画眉笼子之形状，鸟食罐的官窑民窑之分，笼上的铜抓的良劣，最后说他见过的一副白铜抓子，铸的是《七侠五义》里的"五鼠闹东京"，里面人物形态、姿势刻画得惟妙惟肖。我这才知道长毛陈虽有嗜好，但古玩上的专业水平不弱。篆刻家张宗和告诉我，他和长毛陈是中学同学，上学时小陈就混迹于花鸟鱼虫市场，倒买倒卖挣零花钱。小陈是学校里最有钱的学生，抽的都是好烟，但从不给同学让烟。

在以后的行内晚餐中，有时也会叫长毛陈参加，听听他讲养鸟养虫。他分析问题有时一针见血，很有见地。比如斗蟋蟀，他说沉迷于斗虫博彩的人，随着爱好的加深，心眼儿也变得越来越小，就像从人变成小虫一样。

那时我正策划成立一个戒毒门诊，与北医韩济生院士的团队联系过，韩老师发明了韩氏戒毒仪，用电频刺激人体产生内啡肽，规格有医院用和家庭用两种。我请同学杨京力帮我弄到一台家用的韩氏戒

清代高颈和尚头黑虫葫芦

毒仪，借给长毛陈，让他熬瘾时使用，长毛陈一再称谢。第二天他递给我个葫芦，说是他以前卖出的，刚刚给赎回来，我要喜欢给个本钱就行。我见这个葫芦不大，小头长脖子，翻口也不太好，但甘草黄包浆一流，还可能是本长（自然生长，没有戴模子）。一问不贵，1000元，就随手交给长毛陈1000元钱。长毛陈看我不太重视，强调了一句："小范（小身葫芦），时候好，咸丰本年的。"我倒有些奇怪："你怎么知道是咸丰的，有人说故事了？"长毛陈认真地说："这是我多年前从户里淘的，本主说是三河刘那批响的葫芦的副品，是本主的祖上淘换的。"

匏器葫芦是玩虫听叫的容器，也是音箱，一个好葫芦不单是看形状、范工（模子上的花纹）、年份和包浆，最重要是看它的音响效果。这跟意大利小提琴相似，虎皮纹再好，音色不好也不是好琴。根据蓄虫种类不同，葫芦形状也不同，所盛的虫儿包括蝈蝈儿、蛐蛐儿、油葫芦、扎嘴等。老行家张连宝曾给我说过，咸丰年间，正值战乱，直隶省还有旱情。可也怪了，三河的刘显庭在坡地上所种的匏器葫芦大丰收，这一批虽然制范时工艺较简单，用的瓦模澄浆泥也不细，出来的都是糙面葫芦，但是个个响。送到京城一抢而空，还不时有人到三河求购，从此，“三河刘”葫芦在北京名扬九城。后几年，“三河刘”用原工艺流程，但加细了瓦模的澄浆泥制作，也使用了双脐的防伪标识，出来的都是光滑漂亮的葫芦，但是音响效果和其他人的葫芦差不多，再也没有第一批的洪亮之声。

到今天，早期的“三河刘”几不可见，晚期的“三河刘”光滑双脐葫芦偶尔露面。我曾向象牙雕刻大师张恩杰先生求让到一枚“三河刘”后期作品“玉壶春棒”。长毛陈说，这只小铲（葫芦）是戴模时不够尺寸，但因为有特点，出了长颈，因为制作急就把小模给戴上了，算是副品。“三河刘”的模子有特点，使用木模翻瓦模时，因木模是多块范组成，为了避免瓦模上有缝隙，用纸将木模包上再翻。这样瓦模戴上葫芦后，长出来的葫芦表面有纸模的痕迹。因为用了纸模所以“三河刘”的成品都是没花纹的素面的。北京玩虫具的有句俗话：“三河刘”不花，官模子不素。王世襄先生评论这句话是：半对半不对。“三河刘”确实没有范花的，有的火绘花纹都是后人加上的，有画蛇添足之嫌，但官模葫芦是有素的。我同意王先生意见，因为我

清代高颈和尚头黑虫葫芦

自己就藏有道光官器素面瓦模。最好的葫芦讲究“瓷皮，糠胎，麻袋里”，其实只有早期那批“三河刘”满足这些特点。长毛陈给我的这只葫芦表面粗糙，隐约可见纸纹，皮色致密，是我所有的葫芦里表皮最瓷硬的一只，至于是不是“三河刘”早期副品那只有天知道了。后来长毛陈又帮我找到一些老安肃模的各种葫芦，时代都够，但模子都有点瞎（图案不清楚）。里面多是民俗题材：钟馗嫁妹、八仙过海、和合二仙、八骏图等。

这只长脖和尚头葫芦是养黑虫油葫芦（也叫油乎鲁）的，这种虫也是冬季暖房中饲养出来的，叫声悠长而凄凉。因为怕毁了这只葫芦，一直舍不得装油葫芦，腔里放上一点冰片防被虫嗑。做防护时不禁想起长毛陈，长毛陈后来隐出古玩行独来独往。他家徒四壁，没向熟人开口借钱，也没有用他的知识能力卖假货寻钱。三年前，一位朋友告诉我，他和长毛陈同住一小区，有时看见长毛陈带着一条狗翻垃圾箱，找点狗食。但这两年一直没见过他，可能人已经不在了。把一个有生理依赖性的瘾君子拉回来，是多么的艰难。正如马明兄说：“一沾上毒品，人就变成鬼了。”

后　记

2009年初夏，北京电视台第五频道找我去一个读书节目做主讲，说说古玩鉴定，北京大学出版社为了推广刚出的那本书，替我答应了，我为此做了一些功课，电视台也做了预告播放。没想到我在国外有事未能赶回京，放了人家鸽子，真是很失礼。北京电视台临时请马未都先生去救的场。我做了功课的讲稿提纲蒙尘已久，今天翻出来抖抖灰。

古玩鉴定的窍门是“端正鉴定态度”。这绝不是说教务虚，而是一个技术名词。首先说“态”，就是有一定水平的鉴定要遵循正态分布的数学模型。不能先见为主，增加人为因素，要客观地就事论事，不听传说逸事，不受权威影响，大胆设想、小心求证（刑侦用语）。走弯路的主要是鉴定者受外界和主观影响过大，鉴定呈偏态分布，比如向右偏的国宝帮，认为天下国宝民间极多，自己手中的东西论质论量都远超故宫，结果收到一批臆造品。还有一些来自大博物馆和研究所的自称理论派的专家，他们的鉴定分布明显左偏，认为高端真品都在博物馆，民间基本不存在，见到民间的藏品，看一件，毙一件。原则是以自己馆藏标准器为标杆，凡社会上的藏品有任何不同于标准器的都是假的。就标准器而言，我是学医的，举个临床的例子，同一种疾病，表现在患者身上是不相同的，所谓千人千面，而教科书上的具备所有疾病特征的典型病例，实际上是最不典型的。所以古玩签定也不能生搬硬套，以免犯了“左”倾错误。

再说说“度”，这个“度”是判断失误的“度”。我们知道正态分布中存在两个误差，第一误差叫“弃真”，就是将真品当成伪品放弃了，第二误差叫“选伪”，就是将伪品当成真品入手了。这两个误差是所有鉴定者躲不掉的，就是顶级的专家也不可能避免，因为你有多高的眼力，就有多高的仿品等着你，正所谓“道高一尺，魔高一丈”，因为“魔”做事没有底线，所以更厉害。另外真品假象的东西比比皆是，而你稍一犹豫，水平比你高的人就马上下了手。“弃真”及“选伪”两种误差是相互影响的，如果你控制缩小其中一项，另一项就相应扩大。例如我有一个在琉璃厂经营书画店的朋友，他收东西就怕丢了货，因此，只要有一眼的东西就入手，大大缩小了“弃真”度，但相应的高仿品也相继而来，“选伪”度大大失守。相反的一个例子是，著名钱币收藏家曾泽禄先生，他的鉴定眼力很强，防伪意识也很强，他对我说：“一枚古钱在判断之前，要先把它当成伪品，再一项项给它洗清罪名，到了所有怀疑都解除了，就可以当它是真的了。”这样鉴定，确实大大减低了“选伪”度，但反之“弃真”度也就抬头了。有一枚“元贞通宝”八思八文地方母钱真品，经他鉴赏后错失了。

一个古玩鉴定者如果控制“弃真”度在10%，“选伪”度在10%。那他基本是一个合格的收藏者和鉴定者。如果两项都控制在2%，那他就是当之无愧的行业专家。所以说端正“态”“度”是鉴定古玩的不二法门。最后再说说当有了一定鉴定能力后，怎么使用。我的意见是，尽量不要替别人做藏品鉴定，有偿服务更是要视为禁区。因为在有一定水平的鉴定者眼中，赝品就像是面对行刑枪口的囚徒，扣动扳机是一项非常过瘾的行为。古玩鉴定和社会学牢不可分。我曾多次参观过一些藏家满堂国宝伪品的大厅，要我鉴定时，只是说好，最多点一句：“够规模了，整理好了，再收新的。”试图劝他止损。点破很容易，将一个超级美梦戳破是一分钟的事，但一个人的心理崩溃和身体疾患不是我能承担的。因为鉴定者的名望和收藏者的金钱，与人的心理及身体健康相比，是微不足道的。

感谢我太太 Christina 的大力支持，感谢父母对我图录文字的整理和意见，感谢女儿 Vicky。感谢好友张维书、孟雅芝伉俪为本书输入及修改文字，感谢大学同学张金良教授与汪华先生为本书排版制作及封面设计，感谢周漠先生对本书的摄影推荐，感谢吕志文先生的专业摄影。

感谢以下各位对本书的各种帮助、指正和关心：李东清先生，庄德苓先生，黄思贤先生，王滋顺先生，杨京力先生，马明先生，凌海涛先生，刘鹏昊女士，姚华先生，祁亚明先生，史志广先生，吴锦荣先生，周艾若先生，王玉忠先生，刘连弟先生，张国俊先生，刘忠新先生，王有增先生，韩维维先生，张连启先生，张跃先生，高桂才先生，刘勇先生，李德正先生，常忠义先生，杨志东先生，任同仁先生，丛者光先生，张恩杰先生，安明义先生，程纪中先生，罗振生先生，杨清先生，苏德正先生，张德亮先生，王铁成先生，陈东资先生，宁建忠先生，张德祥先生，戴勇先生，张清先生，汪坦先生，刘和平先生，黄维春先生，郑贺先生，廖国能先生，钱卓先生，赵德胜先生，沈松根先生，焦俊广先生，李全有先生，柴明远先生，李晓震先生，金磊先生，张砚宏先生，张强先生，王文斌先生，常生先生，马洪泉先生，杨小军先生，陈树新先生，李岩先生，宋四成先生，王伯东先生，赵本先生，王维民先生，穆崇久先生，齐兰根先生，徐肇庆先生，刘学贤先生，刘学东先生，杨广霖先生，李海龙先生，马小启女士，张连宝先生，马骏昌先生，申力先生，惠增久先生，陈国胜先生，蒋芬菲女士，谭勇先生，刘玉章先生，齐继星先生，王德才先生，王宝才先生，杨劲先生，张德岳先生，戴强先生，苗玉路先生，李昂女士，邱宁先生，葛宝华先生，葛宝明先生，陈连升先生，常幼伟先生，汪佳女士，李平风女士，袁志萍女士，郝明哲先生，舒德禄先生，汪澄先生，徐峰先生，夏侯晓雷先生，葛咏兰先生，毕健先生，黄立东先生，林健君先生，刀青女士，秦利生先生，梁熔刚先生，赵国效先生，刘百玉先生，杨彦先生，张宗和先生，汤维强先生，周敏先生，林一女士，高玉明先生，米文杰先生，齐永阁先生，张卫强先生，张甦先生，周建设先生，叶美珠伉俪，陈士龙先生，张京先生，刘宝勇先生，东泽新先生，刘志钢先生，王达先生，范海洋先生，王宇清先生，王迪先生，曹燕女士，王为民先生，白家琦先生，孙玉国先生，井维东先生，李振茹先生，岑大伟先生，吴迪先生，李勇先生，李复河先生，曾泽禄先生，戎树平先生，张亮先生，王幼强先生。